YO SOY Dice, "Tu Eres…"

ENTENDIENDO TU IDENTIDAD EN CRISTO

❧

CJ Rapp

Infusion
P·U·B·L·I·S·H·I·N·G
A Ministry of Unfading Beauty Ministries

Infusion Publishing™
Mission Viejo, CA 92692

Infusion Publishing es un ministerio de Unfading Beauty Ministries.
http://www.unfadingbeautyministries.org/

Telefono: 949-235-4094

Segunda Edición   Enero 2009
Primera publicacion por AuthorHouse   Febrero 2009

ISBN: 978-0-9824790-9-4

Impreso en los Estados Unidos de América.

RECONOCIMIENTOS

Con amor y apreciación, Yo reconozco a la gente que me ayudo con su guía y aliento para que fuera posible este libro.

Agradecimientos especiales para mi Editora Peggy Matthews Rose. ¡Tú eres brillante! Muchas gracias por todo tu arduo trabajo. Gracias a Teresa Haymaker por cuidar diligentemente la corrección y composición. Gracias por tu corazón generoso. ¡Te Aprecio!

Mi más profundo amor, apreciación y gratitud a mi mentora y maestra de la Biblia Pam Marotta. Gracias por invertir tu tiempo, talento y capacidad en enseñarme a escribir el plan. Dios te ha usado en mi vida en diferentes maneras. Te amo.

A mis hijos, John, Dillon y Austin, gracias por animarme y ayudarme. Yo nunca hubiera podido completar este proyecto si no hubiera sido por su apoyo, paciencia y amor. Yo estoy enamorada de mis tres hombres especiales. Especialmente tu John, ¡Tu nunca sabrás el gran tesoro que eres para mí! Gracias por tu ayuda incondicional a mi ministerio y animarme que cumpla el propósito de Dios en mi vida.

A mi Señor y Salvador Jesucristo, el autor y consumidor de mi fe. Tú me levantaste del lodo y del fango de mis propios pensamientos y me hiciste libre. Tú me has dado una confianza y autoestima saludable. Ahora yo sé que soy valiosa porque yo soy tuya.

¡Te Amo!

Para cada mujer que haya luchado alguna vez con su autoestima y confianza.

Examíname, Oh Dios, y conoce
mi corazón; pruébame y conoce los
pensamientos que me inquietan. Señálame
cualquier cosa en mí que te ofenda y
guíame por el camino de la vida eterna.
Psalm 139:23-24 (NTV)

Contents

Como Usar Tú Guía de Estudio

❦

*Destruimos argumentos y toda altivez que se levanta contra
el conocimiento de Dios, y llevamos cautivo todo pensamiento
para que se someta a Cristo.*
2 Corintios 10:5 (NVI)

YO SOY dice, *"Tu Eres."* Es un Estudio Bíblico devocional para usar de manera independiente o en un estudio de grupo pequeño. El formato de este libro es diseñado para ayudarte con este modelo a identificar pensamientos que contradicen La Palabra de Dios y darte un tratamiento saludable a tu autoestima.

Es un estudio de treinta días. Cada día tiene cuatro componentes:

1. **YO SOY dice "Tu Eres..."** – Cuando Dios llamo a Moisés para que vaya a su gente en Egipto, Moisés pregunto a Dios: *¿Quien les diré que me envió? Dios le dijo a Moisés, "YO SOY EL QUE SOY. Así dirás a los Israelitas: 'YO SOY me envió a ustedes'"* Éxodo 3:14 (NVI). Su nombre significa el que siempre existió. El es el creador y nosotros somos su creación. Para tener una estima propia saludable nosotros debemos saber cómo nos ve Dios. Cada día comienza con una declaración de identidad respaldada por un versículo Bíblico y una

1

discusión acerca de la lucha para aceptar y creer la declaración de identidad.

2. **Sacando la Basura Afuera** – ¡Todo pensamiento que contradice la Escritura es basura! Esta sección es una serie de preguntas diseñadas para ayudarte a identificar pensamientos que son contrarios a la Palabra de Dios. Se honesta acerca de lo que crees porque el primer paso para sacar la basura afuera es admitir que es basura. Una vez que reconocemos los pensamientos negativos podemos empezar a explorar él porque pensamos de esa manera. Orando pregúntale a Dios que te muestre diseños por el cual tus pensamientos estorban que tú te veas como Dios te ve.

3. **Remplazando la basura por el Tesoro** – El estudio de un versículo da fortaleza a nuestra identidad en Cristo. Lo que Dios dice de nosotros es el tesoro.

4. **Para una Discusión o Reflexión Personal** – Estas preguntas están diseñadas para una reflexión personal o para discutirlo en un grupo pequeño.

No se conformen al mundo actual, sino sean transformados mediante la renovación de su mente.
Romanos 12:2 (NVI)

ANTES QUE EMPIECE:

YO SOY dice, "Por creer tu eres bendecida."

¡Dichosa tu que has creído, porque lo que el Señor
te ha dicho se cumplirá!
Lucas 1:45 (NVI)

¿Le crees a Dios?

¿Crees que su Palabra es la verdad?

¿Crees que puedes confiar?

En estos últimos años, Yo he conocido a diferentes mujeres que sufren de inseguridad y falta de autoestima. Por cualquier razón, ellas se hicieron victimas de sus propios pensamientos. Por ejemplo una mujer cree en su corazón que ella no es inteligente porque por mucho tiempo alguien le dijo que ella era estúpida. Otra mujer se compara con Sally Supermodelo mirando fijamente en la cubierta de cada revista en el país. En su mente, ella no puede medirse a ese nivel de belleza, y por ello no tiene seguridad o confianza.

Por eso nosotros debemos saber la preciosa verdad de Dios para derrotar las mentiras que nos amenazan con robarnos nuestro gozo, seguridad, y la Roca solida de nuestra identidad en Cristo.

Durante los siguientes treinta días Yo te pediré que creas en la Palabra de Dios en vez de tus propios pensamientos. Yo te pediré que confíes en su verdad en vez de creer en lo que tú crees que es verdad acerca de tu persona. Si queremos ser libres de pensamientos que comprometen nuestra autoestima y nuestra seguridad, entonces debemos aprender a creer que La Palabra de Dios es la verdad. Segunda de Corintios 10:5 dice:

> *Destruimos argumentos y toda altivez que se levanta contra*
> *el conocimiento de Dios, y llevamos cautivo todo*
> *pensamiento para que se someta a Cristo.* (NIV)

El conocimiento de Dios que se encuentra en la Biblia debe ser nuestro estandarte de la verdad. Todo pensamiento que es contrario a Su Palabra se debe poner en cautiverio. ¿Por qué? Porque lo que nosotros pensamos determina como nosotros vivimos y quienes somos.

En Lucas 1:45, Elizabeth la prima de María le llamo a María Bendecida. ¿Por qué? ¡Porque María creyó en Dios! Ella tomo Su Palabra. Ella confió en lo que El prometió por medio del ángel se cumpliría. Ella creyó y confió y el resultado fue de felicidad. Déjame preguntarte una vez más: ¿Le crees a Dios? ¿Puedes tu confiar en Su Palabra? Si no es así, tú tendrás dificultades para encontrar paz y contentamiento. Pero si tu le crees a Dios, y aceptas que Su Palabra es la verdad y si lo recibes y lo vives tu serás feliz. Es un resultado natural poner una completa fe en Dios que es completamente fiel.

Lo más importante es que tú serás fuerte y segura-protegida de los daños de cada pensamiento desviado y mentira del enemigo.

Tu compromiso:

- Yo me comprometo a examinar mis pensamientos comparándolos a La Palabra de Dios.
- Yo me comprometo rendirle a Dios todo pensamiento que sea contrario a las Escrituras.
- Yo me comprometo a creer la Palabra de Dios.

Para Discusión o Reflexión Personal

1. ¿En qué forma podemos relacionarnos con lo que Dios dice acerca de nuestra identidad?

2. ¿En qué área tienes más dificultad para creer en la Palabra de Dios en vez de tus propios pensamientos?

3. ¿Cuáles son algunas de tus reacciones o hábitos que tal vez revelan una dependencia que no es saludable sobre las opiniones de otros?

4. ¿Cómo algunas de las opiniones de otros formaron tu identidad, autoestima, o seguridad?

5. ¿Alguna vez comparaste tus pensamientos con la Escritura? Comparte tu experiencia.

Mi Oración para Hoy

Dios, Yo me comprometo a examinar mis pensamientos. Yo te pido que reveles mis pensamientos que son contrarios a tu verdad y así pueda Yo tener una autoestima y seguridad sana por medio de Cristo. Señor, ayúdame a verme como Tu me vez.

DÍA UNO:

❧

YO SOY dice, "Tu eres significante."

Toda obra del Señor tiene un lugar y un propósito...
Proverbios 16:4 (El Mensajero)

Dios creó a la humanidad para que tenga un lugar y un propósito en Su Reino. En efecto, al principio con Adán y Eva, las intenciones de Dios eran que nuestras vidas fueran significantes. Dios nos diseño con un propósito, y al vivir nuestro propósito nos trae a nuestras vidas un significado.

Pero mucha gente vive gastando su vida queriendo saber para que hubieran nacido. Yo hable con gente que tuvo una vida larga y completa, pero que no están contentos con su herencia. Ellos creen que por sus circunstancias y decisiones sus vidas fueron insignificantes. Tal vez ellos creyeron en la mentira que dice que a una persona se la mide por el éxito en su vida. La sociedad pregunta:

- ¿Dónde tuviste éxito en tu carrera?
- ¿Alcanzaste el tope de la escalera en la corporación?
- ¿Eres adinerada?

7

- ¿Posees bienes materiales?
- ¿Tienes una herencia para tus hijos?

En la vida todo esto no es lo que es significante, lo mas significante es una persona que toca a otra. Es una persona que comprende sus propósitos.

¿Qué piensas tú?

¿Qué crees que es el propósito de Dios para tu vida? ¿Qué es lo que hace tu vida que sea más provechosa?

Sacando la Basura Afuera:

"Yo no creo que Dios tenga un propósito para mi vida o que yo sea alguien significante."

Describe lo que piensas tú que hace a una persona significante en su vida.

¿Cómo tu puedes descubrir y vivir el propósito de Dios para que te ayude a sentirte significante?

Recuerda el propósito de Dios en Proverbios 16:4 *Toda obra del Señor tiene un lugar y un propósito...* Describe que crees que es el propósito de Dios para tu vida.

El Señor cumplirá en mí su propósito. Tu gran amor, Señor,
perdura para siempre; ¡no abandones la obra de tus manos!
Salmos 138:8 (NVI)

Remplazando la Basura con el Tesoro

Porque somos hechura de Dios, creados en Cristo Jesús
para buenas obras, las cuales Dios dispuso de antemano
a fin que las pongamos en práctica.
Efesios 2:10 (NVI)

Yo creo que cada persona que está en Cristo tiene trabajo que hacer para el Reino de Dios. El trabajo que hacemos para Dios en esta tierra no nos da una entrada al cielo. Antes bien, nuestro trabajo-nuestro propósito-hace que nuestra vida sea significante. Dios nos usa para compartir, equipar, animar y evangelizar. Nosotros somos una parte significante en Sus planes. La dimensión de la vida de una persona no es el éxito mundano. No es el tener prestigio, es teniendo influencia. Déjame mostrarte, lee este pasaje a continuación.

Ahora Naamán, jefe del ejército del rey de Siria, era un hombre
de mucho prestigio y gozaba del favor de su rey porque, por
medio de él, el Señor le había dado victorias a su país. Era un
soldado valiente, pero estaba enfermo de lepra. En cierta ocasión
los sirios, que salían a merodear, capturaron a una muchacha
israelita y la hicieron criada de la esposa de Naamán. Un día la
muchacha le dijo a su ama: "Ojala el amo fuera a ver al profeta
que hay en Samaria, porque él lo sanaría de su lepra."
Naamán fue a contarle al rey lo que la muchacha israelita
había dicho. El Rey de Siria respondió: -Bien puedes ir; yo le
mandare una carta al rey de Israel...
2 Reyes 5:1-5

Naamán era un gran hombre de poder. El servía al Rey de Aram y era para su país muy significante. Pero Naamán tenía una enfermedad incurable de lepra. Una joven esclava sin nombre que fue capturada de Israel vivía en su casa una insignificante muchacha en los ojos de otros. Evidentemente Naamán y su esposa la trataban bien a ella, ya que cuando ella le dijo a la Señora Naamán que vivía un profeta en el Reino del Norte de Israel y que podía sanar su enfermedad eso fue suficiente.

Naamán pidió permiso a su Rey para visitar Israel. El Rey respondió dándole una carta dirigida al Rey de Israel concerniente a la salud de Naamán. También llevo diez talentos de plata, seis mil monedas de oro y diez mudas de ropa. Está claro que Naamán era de gran valor.

El profeta Eliseo quien podía sanar dijo:

"...Mándeme usted a ese hombre para que sepa que hay profeta en Israel." Así que Naamán, con sus caballos y sus carros, fue a la casa de Eliseo y se detuvo ante la puerta. Entonces Eliseo envió un mensajero a que le dijera: "Ve y zambúllete siete veces en el rio Jordán; así tu piel sanara, y quedaras limpio." Así que Naamán bajo al Jordán y se sumergió siete veces, según se lo había ordenado el hombre de Dios. ¡Y su piel se volvió como la de un niño y quedo limpio!

Luego Naamán volvió con todos sus acompañantes y presentándose ante el hombre de Dios, le dijo: "Ahora reconozco que no hay Dios en todo el mundo, sino solo en Israel. Le ruego a usted aceptar un regalo de su servidor."

"...Permítame usted llevarme dos cargas de esta tierra, ya que de aquí en adelante su servidor no va a ofrecerle holocaustos ni sacrificios a ningún otro dios. Sino solo al SEÑOR."

2 Reyes 5:8b-10, 14-15, 17 (NVI)

¿Te diste cuenta de lo que paso? No solamente Naamán sano su enfermedad de lepra pero él se hizo un creyente. El dijo a Eliseo, *Ahora reconozco que no hay Dios en todo el mundo sino solo en Israel.* Y el juro nunca más ofrecer holocaustos o sacrificios a ningún otro dios. El era un hombre nuevo, por dentro y afuera. Sin dudar, volvió con su rey y le conto la historia. Como resultado de este testimonio de una insignificante muchacha joven—que ni su nombre nunca fue mencionado en la Biblia, la vida de este hombre fue transformado. Imagínate como la historia de Naamán afecto a su familia, sus amigos, sus colegas y paisanos.

¿De qué manera tú piensas que fue significante la influencia de esta joven para Naamán en el plan de Dios? Probablemente muy importante. Si ella nunca hubiera compartido su fe en el poder de Dios sobre el profeta para sanar, Naamán hubiera muerto con su lepra. Su esposa hubiera perdido a su esposo. El rey hubiera perdido a un soldado exitoso, y la ciudad hubiera perdido un líder importante. Pero sobre todo Naamán nunca hubiera conocido a Dios.

Todos nosotros tenemos una historia que contar. Cuando compartimos nuestra fe otros pueden ser guiados a una relación con Dios. En el Reino de Dios cada persona tiene un significante plan que desarrollar. La fidelidad en cosas pequeñas, la actitud de día a día muchas veces es más importante para Dios que los momentos impresionantes de la vida.

Para Discusión o Reflexión Personal

1. Leer Efesios 2:10 ¿Quién tiene que hacer buen trabajo?

2. Describe el trabajo de la muchacha esclava.

3. ¿Qué te enseño la vida de esta muchacha esclava acerca del buen trabajo que Dios tiene preparado para cada persona?

4. ¿Cómo tú conociste al Señor? ¿Quién compartió contigo su fe?

5. Nombra a una persona que puedes compartir tu fe.

Mi Oración para Hoy

Señor, gracias porque soy significante. Gracias por preparar trabajo para que yo haga en tu Reino. Yo no quiero perder una oportunidad de compartir con gente que Tú pongas en mi camino. Ayúdame a reconocer las oportunidades para compartir mi fe, o animar a otras personas en su fe.

DÍA DOS:

※

YO SOY dice, "Tú no eres dueña de ti mismo"

Ustedes fueron comprados por un precio;
no se vuelvan esclavos de nadie.
1 Corintios 7:23 (NVI)

¿Puedes tu ser esclavo de las opiniones de otros? ¿Tú eliges tu vestimenta en base a lo que las muchachas de la oficina pensaran? ¿Te quedas en las noches despierta preocupada pensando si a tu jefe le gustara el reporte que entregaste? ¿Tienes miedo invitar a la gente a tu casa porque piensas que no está a la par de ellos?

Si tú eres así, entonces probablemente seas una persona que quiere complacer a la gente. Si nosotros somos honestos, vamos a admitir que de vez en cuando nos preocupamos de esto, y a veces obsesivas sobre, que piensa la gente de nosotros. Por ejemplo, cuando yo creo que no le gusto a alguien, Yo me inclino a complacer a la gente o busco el modo de arreglarlo. Yo pierdo mi paz y me siento inestable. Muchas veces Yo leo a la gente incorrectamente. Supongo que lo que le molesta a ellos debe ser porque Yo he hecho algo "mal"

13

La gente complaciente vive adicta a la aprobación de otros. Ellos tienen que sentirse bien consigo mismo.

La mayor parte de la gente complaciente busca la aprobación y aceptación de otros porque esto les proporciona una sensación de seguridad. Les ayuda a sentirse confiados. Pero es una confianza temporal, fácil de ser sacudidos por el estado de ánimo y reacciones de los demás. Personas que quieren agradar sienten la tentación de transformarse en la persona que piensa que los demás quieren que sean, en vez de ser la única persona que Dios quiere que sean.

¿Qué piensas tú?

¿Las opiniones de otros tienen una influencia fuerte en tu autoestima?

Sacando la Basura Afuera:

"Mi valor proviene de otros."

¿Tú eres una persona complaciente?

- ¿Para ti es difícil decir "no" a otros?
- ¿Tratas de vivir de acuerdo a la expectativa de otros?
- ¿Tú tratas de evitar conflictos?
- ¿Tú evitas compartir tus opiniones para que no se mueva el bote?
- ¿Te preocupas por lo que piensan de ti otras personas?

Si contestaste "si" a mas de dos preguntas, tu eres una persona complaciente de acuerdo a las estadísticas.

¿Qué crees que motiva tu comportamiento?

Remplazando la Basura con el Tesoro

1 Corintios 7:23 comienza diciendo:

Ustedes fueron comprados por un precio... (NVI)

En otras palabras, tú le perteneces a Dios. Puedes ver, que Dios dice que tu eres de gran valor por eso te redimió (lo que quiere decir que él te compro) Y ahora le perteneces a Él. Siendo que le perteneces a Él, es Su opinión que cuenta mas para tu vida. Gálatas 1:10 nos enseña que tenemos que vivir para complacerle solamente a Él.

¿Qué busco con esto ganarme la aprobación humana o la de Dios? ¿Piensan que procuro agradar a los demás? Si yo buscara agradar a otros, no sería siervo de Cristo.
Gálatas 1:10 (NVI)

Estas son buenas noticias, ¡Tú agradas a Dios siendo tu misma! El se deleita en ti así como eres, aun con tus debilidades y faltas. El no espera que seas perfecta. Antes bien espera que tú seas tú misma. Nosotros somos libres de las expectativas humanas. Nosotros somos libres de tener que ser como otras personas quieren que seamos.

Para Discusión o Reflexión Personal

1. Leer 1Corintios 7:23 y Gálatas 1:10 ¿Qué aprendimos acerca de a quien tenemos que complacer?

2. ¿Qué se necesita para reconocer cuando estamos tratando de agradar a la gente, en lugar de agradar a Dios?

3. ¿Por qué el deseo o la necesidad de complacer a los demás es perjudicial para nuestro sentido de autoestima?

4. ¿Cómo nos ayuda vernos a nosotros mismos "en Cristo" para vivir una vida segura, que Dios espera que vivamos?

Mi Oración para Hoy

Señor, hoy Yo me comprometo a vivir para complacerte a Ti y no a la gente. Yo me comprometo desde ahora ser la persona única que tú me creaste. Y no la persona que otros esperan que sea. Señor ayúdame....

DÍA TRES:

&

YO SOY dice, "Tu eres una hija de Dios."

*Mas a cuantos lo recibieron, a los que creen en su nombre,
les dio el derecho de ser hijos de Dios. Estos no nacen
de la sangre, ni por deseos naturales, ni por voluntad
humana, sino que nacen de Dios.*
Juan 1:12-13 (NVI)

¿Como fue tu relación con tus padres? ¿Eras la niña de los ojos de tu padre? ¿Eras muy cercana a tu madre? ¿Te sentías amada, extrañada y apreciada? Hay mucha gente hoy que no tiene buenos recuerdos de su infancia. Antes bien tienen sentimientos que no se han solucionado desde su infancia y todavía les persigue. Por ejemplo:

- Algunos adultos sufren de los efectos muy dificultosos para complacer a sus padres y que constantemente tratan de ganar su aprobación.

- Los niños que crecieron sin supervisión de sus padres todavía están tratando de superar esos sentimientos que ya no tienen importancia.

- Hombres y Mujeres que no recibieron de sus padres, caricia física, comunicación, o fueron abusados emocionalmente por sus padres, están todavía tratando de ganarse el amor de ellos.

- Adultos que vienen de hogares quebrantados continúan sintiéndose abandonados.

Desafortunadamente, nuestros sentimientos que no están resueltos o sanados de esas experiencias frecuentemente interfieren con nuestra relación con Dios. Nosotros frecuentemente relacionamos la imagen de Dios con la de nuestros padres, esas características, falla y defectos las atribuimos a nuestro Padre Celestial. Si nuestros padres fueron dificultosos o nos hicieron sentir indeseables, entonces se nos hace muy difícil complacer a Dios, porque pensamos que es crítico y sin cariño. Finalmente tenemos dificultad para vernos como los hijos amados de Dios.

¿Qué piensas tú?

¿Las características de tus padres las atribuyes a Dios?

Sacando la Basura Afuera:

"Yo me sentí sin amor e ignorada por mis padres (Y otros seres queridos)."

Describe la relación con tus padres.

¿Todavía hay eventos o sentimientos de tu niñez que causa que sientas resentimientos, daños, dolor y desilusión? Si es así ¿cuáles son?

¿Cómo te afectan con tu relación con Dios esos sentimientos?

Remplazando la Basura con el Tesoro

"!Fijense que gran amor nos ha dado el Padre,
que se nos llame hijos de Dios! ¡Y lo somos...!"
1 Juan 3:1 (NVI)

No importa qué relación tuviste con tus padres, tu Padre Celestial quiere que sepas que El te ama. El es el Padre perfecto. El nos escogió para que seamos parte de Su familia. El quiere llenarte con Su amor. El quiere que sepas que tu res la niña de sus ojos. Somos Sus princesas. El te escogió para que seas su hija, a El le plació que nacieras para amarte. ¿Lo comprendiste? Esa es una verdad maravillosa, tu eres ¡Su niña preciosa! ¡Tú nunca estarás desilusiona de El! El nunca te abandonara. El se deleita en ti solamente porque eres su propia hija. Pablo nos dice en Romanos:

...Ustedes recibieron el Espíritu de adopción como hijos y les
permite clamar: "! Abba Padre!" El Espíritu mismo le asegura a
nuestro espíritu que somos hijos de Dios...
Romanos 8:15-16 (NVI)

"Abba" es un término intimo para el Padre similar a la palabra (Papacito) Nosotros podemos gozar de esa intimidad, amando a nuestro Padre Celestial y disfrutando esa amistad. Tú eres su hijo amado. Tu Abba Padre te ama.

Para Discusión o Reflexión Personal

1. Lea Juan 1:12-13 ¿Cómo te haces un hijo de Dios? ¿Por qué es tan importante?

2. Romanos 8:15 dice que nosotros podemos llamar a Dios nuestro Abba Padre. ¿Qué crees que implica el tener una relación con Abba?

3. Que dice 1 Juan 3:1 ¿Yo digo que Dios se dio a nosotros?

4. ¿Cómo te ayuda ahora al verte como la hija amada de Dios en tu sanidad, desilusiones o sentimientos dolorosos de tu pasado?

Mi Oración para Hoy

Padre, ayúdame para que yo pueda aceptar que Yo soy tu hija amada. Gracias por el amor que derramaste sobre mí como tu hija. Yo quiero disfrutarte como mi Abba Padre. Gracias porque puedo tener una relación intima contigo.

DÍA CUATRO:

YO SOY dice, "Tu eres libre de todo temor."

Porque Dios no nos ha dado un espíritu de timidez, sino de poder, de amor y de dominio propio.
2 Timoteo 1:7 (NVI)

El Temor es la emoción más paralizante que el ser humano conoce. Tal vez por esa razón es mencionada en la Palabra de Dios en muchas ocasiones, *"no temas."* Sin embargo este mismo mundo es un lugar lleno de temores y con tiempos inciertos.

- La economía esta frecuentemente inestable y cuando los tiempos son malos, la gente teme perder sus trabajos.

- Constantemente están en las noticias terremotos, inundaciones e incendios.

- Hay guerras en los países por todo el mundo.

Todos experimentamos temor y ansiedad. Yo confieso que tengo temores de cosas que están fuera de mi control. Por ejemplo, Yo tengo temor que algo malo les vaya a ocurrir a mis hijos, o cuando mi esposo esta tarde de su trabajo y no me ha llamado, yo empiezo a preocuparme, imaginando toda clase de cosas horribles.

El temor puede paralizarte en tu vida espiritual. Pueda que cause que tu hagas preguntas como estas:

- ¿"Yo realmente estoy perdonada de mi pasado"?
- ¿"Yo realmente estoy en el camino correcto"?
- ¿"Realmente Dios me quiere en su familia"?

¿Qué piensas tú?

¿Tú tienes temores? ¿Cómo te afectan esos temores?

Sacando la Basura Afuera:

"Yo tengo temores"

¿Hay en tu vida situaciones que causen que sientas temores?

¿Qué es tu gran temor?

¿Qué si tuvieras algún control para prevenir que ocurriera tu gran temor?

¿Como el temor te roba el poder, el amor, y el sentido común?

Describe como tú respondes al temor.

Remplazando la Basura con el Tesoro

Por esta razón Yo les digo, no se preocupen por su vida, que comerán, ni por su cuerpo con que se vestirán. La vida tiene más valor que la comida, y el cuerpo más que la ropa. Fíjense en los cuervos no siembran ni cosechan, ni tienen almacén ni granero' sin embargo, Dios los alimenta. ¡Cuánto más valen ustedes que las aves! ¿Quién de Ustedes por mucho que se preocupe, puede añadir una sola hora al curso de su vida? Ya que no pueden hacer algo tan insignificante, ¿por qué se preocupan por lo demás? Fíjense como crecen los lirios. No trabajan ni hilan, sin embargo. Yo les digo que ni siquiera Salomón, con todo su esplendor, se vestía como uno de ellos. Si así viste Dios a la hierba que hoy está en el campo y mañana es arrojada al horno, ¡Cuánto más hará por ustedes, gente de poca fe! Así que no se afanen por lo que; han de comer o beber; dejen de atormentarse. El mundo pagano anda tras todas estas cosas, pero el Padre sabe que ustedes las necesitan. Ustedes, por el contrario, busquen el reino de Dios y estas cosas les serán añadidas.

"No tengan temor, mi rebano pequeño, porque es la buena voluntad del Padre darles el reino."
Lucas 12:22-32 (NVI)

?Entonces como superaras al temor? Tú derrotaras al temor aprendiendo a confiar en Dios y agárrate de sus promesas, Lucas 12:22-32 nos enseña unas lecciones importantes acerca del temor:

- Dios sabe que necesitas. El sabe que tienes necesidades para sobrevivir. Comida y ropa son necesarios para sobrevivir. Confía que el suplirá.

- No te preocupes, escoge confiar en El.
- Búscale a El primero; El proveerá.
- No temas. Tú eres su hija.

En otras palabras, Confía que Dios está en control. El es Tu proveedor. El es Tu protector. El está consiente de todas tus necesidades. El sabe que tú experimentas temor, ansiedad y preocupación por las necesidades día a día de la vida. Pero El también promete que cuando le buscas, y esperas en El para que supla lo que necesitas, entonces encontraras paz.

Para discusión o Reflexión Personal

1. Leer Lucas 12:22-32 Haz una lista de las cosas que Dios sabe que necesitas.

2. ¿Cuáles son las necesidades que causan que tengas temor y preocupación?

3. ¿Qué dice Dios de las preocupaciones?

4. ¿Cómo al ver a Dios como tu proveedor y protector te ayuda a calmar e incluso eliminar tu temor?

5. ¿Como Dios a provisto para tus necesidades?

Mi Oración para Hoy

Señor, Hay tiempos cuando yo siento temor, pero tu Palabra dice, "No temas." Ayúdame a sobrellevar mi temor y aprender a confiar que tú proveerás para todas mis necesidades.

DÍA CINCO:

⚜

YO SOY dice, "Tú has sido creada por El."

Con tus manos me creaste, me diste forma...
Salmos 119:73 (NVI)

¿Puedes imaginarte el día que Dios hizo a Adán? Por cinco días Dios creó. De la nada El hizo los cielos y la tierra. El creo el sol y la luna y las estrellas las puso en su lugar. Y después que creo todas las criaturas de diferentes especies también ordeno a la vegetación que creciera. Entonces Dios creó a Adán.

Imagínate a Dios de rodillas en el desierto justamente afuera del Jardín de Edén. El comenzó a jalar el polvo de la tierra hacia El. Lentamente, con un minucioso detalle, como un escultor trabajaría su obra maestra, El Dios del universo formo su primer hijo. Centímetro a centímetro la figura de un hombre empezó a tomar forma. El proceso es largo y detallado, pero Dios diseña cada centímetro del hombre con amor y cuidado. Luego El se sienta a ver su creación y decide que está bien. El se inclina sobre el rostro del hombre y en lo que fue el más intimo momento jamás ocurrido entre Dios y el hombre, El Señor Dios cuidadosamente le da aliento, vida a Adam. Sintiendo el aliento de Dios en su cara, Adán abre sus

26

ojos y mira directamente el rostro de Dios, no hay duda que su rostro está lleno de amor y compasión.

Dios es un artista. Así como creo a Adán El te creo a ti. Antes que tú nacieras, el ya sabía como quería que te vieras. Desde el instante que fuiste concebida, Dios empezó a formarte. El formo lo mas intimo de tu ser. Dios diseño la esencia de quien eres tú, tu personalidad, tu alma. El luego entretejió todo tu cuerpo. El esculpió tus rasgos así como un artista vierte sobre su obra de arte. Hay una hermosura única en ti que nadie más en el mundo lo tiene.

Desafortunadamente hoy mucha gente no se puede ver como Dios le creo personalmente. Al contrario ellos critican como Dios les hizo. Muchas mujeres están descontentas con sus cuerpos. "Yo estoy muy gorda," o "Yo estoy muy baja," o "Yo odio mi nariz." Les desagrada sus rasgos de personalidad. En realidad encuentran defectos en todo aspecto de su ser. En vez de verse como la creación de Dios bellas y únicas. Se sienten avergonzadas y apenadas de la forma que se ven. Estas mujeres se paran al frente del espejo practicando y hablándose a sí mismas cosas negativas. Ellas mismas se castigan percibiendo sus defectos.

Sabiendo y creyendo que Dios te creo personalmente debes sentirte especial. Debe de mejorar tu autoestima. Porque después de todo tu eres Su obra de arte.

¿Qué piensas tú?

¿Eres rápida para señalar tus imperfecciones y derribarte a ti misma?

Sacando la Basura Afuera:

"No me gusta mis caderas, my nariz es muy grande, y desearía ser más delgada."

¿Tú te paras al frente del espejo para criticar las partes de tu cuerpo?

¿Tu deseo es que te vieras diferente?

¿Tú tienes el hábito de hablar negativamente de ti misma?

Si contestaste "si" a cualquiera de estas preguntas, hay una posibilidad que estés luchando con su autoestima.

¿Qué fue lo que influencio para que tengas esta opinión de ti misma?

¿Cómo puedes apoderarte de la verdad que Dios te hizo y que eres su obrar de arte esto mejora la imagen de tu cuerpo?

¿Cómo te ayudara a mejorar tu imagen corporal ahora que conoces y aceptas que eres una obra de arte que Dios formo?

Remplazando la Basura con el Tesoro

Tú me creaste mis entrañas me formaste en el vientre de mi
madre. ¡Te alabo porque soy una creación admirable! ¡Tus obras
son maravillosas, y esto lo sé muy bien! Mis huesos no te fueron
desconocidos cuando en lo más recóndito era yo formado, cuando
en lo más profundo de la tierra era yo entretejido. Tus ojos
vieron mi cuerpo en gestación: todo estaba ya escrito en tu libro;
todos mis días se estaban diseñando, aunque no existía uno solo
de ellos. ¡Cuán preciosos, oh Dios, me son tus pensamientos!
¡Cuán inmensa es la suma de ellos! Si me propusiera contarlos,
sumarian más que los granos de arena.
Salmos 139:13-18 (NVI)

Tú eres creación de Dios. El te formo cuerpo y alma en su
amor. Cada centímetro de tu ser fue amorosamente diseñado por
Dios. Así como Leonardo da Vinci creo su obra de arte Mona Lisa,
así como Miguel Ángelo minuciosamente esculpido a David. Así
Dios te creo a ti. Tu eres invaluable tu eres única.

Tal vez tu no aprecias todo acerca de tu cuero o tu personalidad,
pero el si aprecia. El ama tu sonrisa, el ama tus ojos. El te dio brazos
para que puedas abrazar a los que amas. El te dio piernas para que
puedas correr detrás de tus hijos. Hasta numero cada cabello de tu
cabeza. El sueña contigo y antes de tu primer respiro el planeo cada
uno de tus días.

La próxima vez que empieces a sentirte decaída, dale gracias a
Dios por las cosas que te gustan de ti. En vez de pararte en frente
del espejo criticando lo que ves, dale gracias a Dios por la manera
que él te hizo.

Da gracias a Dios por tus ojos que puedes ver a los que amas.
Dale gracias por tus manos que pueden agarrar las manos de tus
hijos y esposo. Dale gracias a El por tus oídos que pueden oír la
palabra "Te amo." Esta lista no tiene límites.

Cuando tú empiezas a darle gracias a El por lo que tú aprecias, entonces las cosas que te descontentan serán de menos importancia. Amada, tú eres una obra de arte diseñada en el amor de Dios. Tú eres una creación original y no hay otra como tú. Nadie más tiene tus ojos, tu sonrisa, o tu risa. Incluso tu voz es única. ¡Tú eres especial! Aprende a apreciar todas las cualidades que te hacen original.

Para Discusión o Reflexión Personal

1. Lea Salmos 139:13-22 ¿Cuál fue la actitud de David acerca de su cuerpo? Toma nota a lo que dijo David de su cuerpo.

2. ¿Cuál fue la actitud de David acerca de cómo le formo Dios? Toma nota la intervención de Dios creando el cuerpo de David.

3. David dijo en Salmos 139:14: ¡Cuerpo y alma, maravillosamente Yo fui formado! ¿Cómo te ayudaría si tú repitieras esta frase una vez al día, cambiaria tu perspectiva?

Mi Oración para Hoy

Señor, ayúdame para que yo pueda aceptar que fui formada maravillosamente y con mucho cuidado. ¡Gracias por crearme a mí!

Día Seis:

❧

YO SOY dice, *"Tu eres hermosa."*

¡Cuán bella eres, amada mía! ¡Cuán bella eres!..
Cantares 1:15 (NVI)

Belleza. ¿Qué es eso? ¿Cómo lo defines? ¿Es un número en la pesa? ¿Es una cierta medida? ¿Es una cierta edad? ¿Tu definición de belleza viene de una revista de modas o de Hollywood? ¿Tú tienes la tendencia a creer que para ser bella tienes que mirarte como la mujer que está en la tapa de los catálogos de Victoria's Secret?

La belleza es muy apreciada en la sociedad. En realidad es idolatrada. Pero la belleza como la cultura lo define es una fantasía. Los medios de comunicación usan maquillaje, luces y los editores les hacen parecer impecable a las mujeres. El público literalmente cae en esta mentira, que es posible verse como las modelos en las revistas. Por ello la industria ha desarrollado productos para ayudar a lograr "la apariencia". Tu puedes comprar cremas para esas bolsas de tus ojos, ropa que esconda ese bulto feo, inyecciones para tus arugas, y pastillas para reducir esas libras extras. Hay doctores que ayudan a reducir, tallando o alargando lo que tú quieras.

Pero aquí está el problema: La belleza no es lo que está por fuera. Cuando nosotros creemos que la belleza es como nos miramos, nuestra autoestima se desvanece.

¿Qué piensas tú?

¿Cual es la fuente de la belleza? ¿Es la apariencia externa? ¿Tú permites que la cultura defina lo que es belleza? Si es así ¿Tú mides tu belleza por la definición de la cultura?

Sacando la Basura Afuera

"Yo no soy bonita porque Yo no me miro como una estrellas de cine o una modelo."

- Mi cuerpo se mira diferente a las mujeres en la TV o en las revistas de moda.
- Yo tengo líneas en mi cara.
- Yo soy mayor que todas esas modelos.

¿Cómo defines tú la belleza?

¿Te puedes describir que eres bella en base de tu propia definición?

¿Describe que quiere decir ser bella por dentro?

Remplazando la Basura con el Tesoro

Que la belleza de ustedes no sea la externa que consiste en adornos tales como peinados ostentosos, joyas de oro y vestidos lujosos. Que su belleza sea más bien la incorruptible, la que procede de lo íntimo del corazón y consiste en un espíritu suave y apacible. Esta sí que tiene mucho valor delante de Dios.

1 Pedro 3:3-4 (NVI)

¿Tú sabes que Dios dice que nuestra belleza no es lo que está por fuera? 1 Pedro 3:3-4 dice. que nuestra belleza debe ser originada por dentro, no por lo de afuera. Dios valora la belleza interior más que la belleza física. Además que lo que está por dentro tiene la capacidad de influenciar lo que se ve por fuera. ¿Alguna vez tú has conocido a alguien que se veía deslumbrante por fuera, pero de repente al minuto que empieza ha hablar se vuelve poco atractiva? ¿Por qué pasa eso? Es porque las palabras revelan lo que está en tu corazón. Lo feo de su interior se refleja como una luz sobre ella.

Proverbios 11:22 dice. *Como argolla de oro en hocico de cerdo es la mujer bella que no muestra discreción* (NVI). Belleza y virtud van mano a mano. No importa como tú te vistas o como te maquilles por fuera, ¡pero si descuidas tu interior, y eres arrogante, desagradable y cruel! ¡La Escritura dice que te miraras como el cerdo y ahora todos sabemos que el cerdo aunque tenga lápiz labial sigue siendo cerdo!

¡PERO si tú dejas que Dios trabaje en tu persona, y eres diligente para desarrollar tu carácter, entonces la belleza interminable que es gentileza, espíritu tranquilo y suave serán tuyos! ¿Alguna vez tu conociste a una persona amorosa, alegre, pacifica, paciente, amable, buena, gentil, con un control propio que no fuera amada?

Para Discusión o Reflexión Personal

1. De acuerdo con 1 Pedro 3:3-4 ¿Cuál debería ser la fuente de la belleza?

2. Identifica lo que piensas tú que significa tener un espíritu suave y apaciente.

3. ¿Cuánto tiempo dice en 1 Pedro 3:4 que la belleza interior durara?

4. Nombra una característica de tu interior que es hermoso. ¿eres amable? ¿Compasiva? ¿Paciente? ¿cuidadosa? ¿perdonadora? ¿pacificadora? Si no estás segura, pregúntale a una amiga o alguien que aprecias para que te ayude a ver lo que todavía no está obvio para ti.

   Di ahora, "Yo soy hermosa porque..."

5. Tu desafío, párate al frente de un espejo y dale gracias a Dios por un rasgo hermoso en tu físico que El te dio.

Mi Oración para Hoy

Dios mío, Yo deseo tener la belleza que no se termina que es un espíritu suave y apaciente. Protégeme de la influencia de nuestra cultura. Antes bien permite que me llene de tu Espíritu. Recuérdame que la belleza interior es la que cuenta mas para ti.

Toda tú eres bella, amada mía; no hay en ti defecto alguno.
Cantares 4:7 (NVI)

Día Siete:

❦

YO SOY dice, "Tu eres Radiante."

Radiantes están los que a Él acuden;
jamás su rostro se cubre de vergüenza
Salmos 34:5 (NVI)

¡Parece que las renovaciones son el último grito de la moda! Hay un programa de televisión que sigue paso a paso a las mujeres que se someten a una cirugía drástica para remodelar su apariencia física. Las revistas proyectan artículos para encaminarte en cómo puedes mejorar tu apariencia. Son muy comunes las inyecciones Botox para deshacerse de las líneas en el ceño fruncido, y los procedimientos de Fraxel que según dicen que ayudan "sanan" las líneas y arrugas. Nadie sabe qué es lo que están pensando próximamente en la interminable búsqueda de algo perfecto para no envejecer. Muchas mujeres se hacen tratamientos de belleza uno tras otro perdiendo su dinero y su tiempo, con la esperanza de una transformación en sus vidas. La publicidad se ha propagado por todas partes como fuego entre las mujeres.

No importa cuál fuera el aparente problema, tanto la ciencia médica y los vendedores de aceite de serpiente dicen que tienen

36

una solución. La gente está convencida que una renovación no solamente cambia tu apariencia pero puede cambiar radicalmente tu vida. Por lo menos eso es lo que el mercado quiere que creas.

¿Tú tienes la tendencia a creer que un cambio de tu apariencia puede mejorar tu circunstancia? Muchas mujeres piensan, "Si solo pudiera hacer que mi piel se mire brillante, o perder esas ultimas 10 libras, entonces Yo me puedo mirar contenta y tal vez hasta puedo sentirme feliz también." Algunas mujeres se sientes de la misma manera acerca de las compras. Al comprar un nuevo traje te hace sentir mejor y te sientes inteligente al principio, pero después lo nuevo se pasa. Antes que tú te des cuenta, necesitas algo nuevo y diferente otra vez para hacerte sentir mejor.

Si tú quieres un tratamiento de belleza que sea duradero, si quieres una remodelación que cambie no solamente tu imagen, pero tu vida tú tienes que empezar primeramente por una transformación interna.

¿Qué Piensas Tu?

¿Tienes la tentación de creer que una renovación puede cambiar tu imagen y posiblemente tu vida?

Sacando la Basura Afuera:

"Yo creo que una renovación, un tratamiento de belleza o un traje nuevo puede cambiar mi imagen, actitud o mi vida."

¿Si tuvieras un sueño de renovación que sería? ¿Por qué?

¿Cómo una renovación cambiaria tu imagen en tu vida?

Día Siete: YO SOY dice, "Tu eres Radiante."

¿Alguna vez tuviste una renovación física? ¿Cambio tus perspectivas de la vida? ¿Por cuánto tiempo te hizo sentir feliz? Comparte tu experiencia.

Piensa en las mujeres más hermosas que conoces. ¿En tu opinión que las hace hermosas?

Remplazando la Basura con el Tesoro

Así todos nosotros, que con el rostro descubierto reflejamos como en un espejo la gloria del Señor, somos transformados a su semejanza con mas y mas gloria por la acción del Señor, que es el Espíritu.
2 Corintios 3:18 (NVI)

No hay nada de malo hacerse una renovación. Tú tienes la libertad en Cristo. Si la puerta de tu casa necesita pintura, entonces píntala. ¿La pregunta seria porque lo quieres hacer?

* ¿Por qué Yo quiero una renovación?
* ¿Por qué yo pienso que necesito una cirugía plástica?
* ¿Porque yo quiero tratamiento de Botox?
* ¿Por qué yo necesito ese nuevo traje?

¿Yo quiero una renovación para verme mejor o hay algo que me está molestando y pienso que con una renovación se arreglara la situación? Mucha gente ha hecho cosas drásticas para mejorar su apariencia pensando que esto arreglara lo que esta quebrantado por dentro para luego descubrir que solo era una reparación temporal.

Ellos no necesitan cambiar su exterior lo que más necesitan es una transformación interior.

La Transformación de Moisés

¿Por qué no tratar una transformación diferente? Considere la transformación de Moisés. Éxodos 34:29 dice:

> *Cuando Moisés descendió del monte Sinaí, traía en sus manos las dos tablas de la ley. Pero no sabía que, por haberle hablado el Señor de su rostro salía una luz radiante. (NVI)*

¿Por qué el rostro de Moisés estaba radiante? Moisés brillaba porque el habida estado con el Señor por cuarenta días. El estuvo en la presencia de Dios. El había hablado y alabado con gozo en la presencia del Señor. Ahora que Dios lo había cambiado espiritualmente y físicamente, La cara de Moisés revelaba la transformación que había tomado su corazón. Brilla con la gloria del Señor.

El resultado de pasar tiempo íntimo con el Señor se reflejara su gloria en tu rostro. Por ejemplo, El estrés que causaba te mires desesperada puede ser remplazado por su paz. Las líneas en tu frente causadas por el enojo pueden ser remplazadas por unos ojos llenos de gozo. En pocas palabras, tu apariencia cambia cuando tomas tiempo con El. Lo que Dios hace en tu corazón es el resultado de tu tiempo con él y reflejara en tu rostro y actitud. ¡La transformación de Moisés cambia no solamente tu apariencia pero tu vida! La transformación de Moisés es mucho mejor y efectiva más que Botox y las cirugías.

El tiempo que pasamos con Dios, leyendo su palabra, orando alabando, es lo último para el tratamiento de belleza. Más tiempo que pases con el Señor más que su gloria será reflejada en tu apariencia. Tu espíritu y tú corazón se convierten más y más en Su carácter y tú brillas con la belleza del Señor. ¡Esto es la máxima transformación!

Para discusión o Reflexión Personal

1. Lea 2 Corintios 3:18 ¿En que fuimos transformados?

2. ¿Cómo seremos transformados según la Biblia? Explica que significa para ti "mas y mas gloria."

3. ¿Como el tomar tiempo en la presencia del Señor puede cambiar tu apariencia tu actitud o tu vida? Si todavía no has experimentado en tu vida esta transformación, porque no tomas unos minutos para reflexionar y revitalizarte con Dios ahora mismos?

4. Desafío: Crea tu propio tratamiento de belleza. Planea el tiempo que pasaras con el Señor cada día por la siguiente semana. ¿Cuáles serán estos tratamientos de belleza (espiritual, disciplina, oración, alabanza, estudio bíblico) Estos son los que tu puedes incorporar?

Mi Oración para Hoy

Señor, Yo quiero resplandecer con tu gloria. Ayúdame para tomar tiempo contigo y que sea mi prioridad para que Yo brille con tu belleza y sea reflejo de tu gloria.

DÍA OCHO:

YO SOY dice, "Tu eres Escuchada."

Entonces ustedes me invocaran, y vendrán
a suplicarme, y yo los escuchare.
Jeremías 29:12 (NVI)

¿Cuan importante es para ti sentir que eres escuchado? ¿Algunos días tú sientes que a nadie le importas acerca de lo que tienes que decir o que piensas? El escuchar comunica valor. Cuando alguien toma el tiempo de escuchar tus pensamientos, sentimientos e ideas, te hace sentir valorada y comprendida.

No hay nada más decepcionante que hablar con alguien que se ve distraído y no pone atención. Lastima tus sentimientos.

- Es molestoso cuando quieres hablar con alguien de tus sentimientos pero no encuentras a nadie que te escuche, o cuando tratas ellos están muy ocupados diciéndote que es lo que ellos piensan.

- Es doloroso cuando tu compartes tus sentimientos y te dicen que eso "Es una tonteria"

41

- Es frustrante cuando compartes tus ideas de un tema y te dicen que tu opinión es ridícula.

Esta comprobado que Dios ha creado a la mujer con mas palabras para usarlas que un hombre. Entonces no es irrazonable querer que alguien nos escuche sin juzgarnos. Está bien querer que alguien te oiga sin tratar de cambiarte. Tú tienes derecho a esperar que te oigan sin que piensen que lo que dices es ridículo o inadecuado. Es normal que quieras que alguien te escuche y te ame. Si, es frustrante guardar en tu interior tus sentimientos porque nadie te escucha.

¿Qué Piensas Tu?

¿Cuán importante es para ti que alguien te escuche?

Sacando la Basura Afuera:

"Nadie me escucha a mi; nadie valora lo que tengo que decir."

Describe como te sientes cuando nadie escucha tus ideas, sentimientos o ideas.

¿Cuál es tu mayor desafío para ser escuchada?

¿Cómo puede ayudarte el hablar con Dios en tus sentimientos de ser escuchada?

Remplazando la Basura con el Tesoro

"Por cuanto el inclina a mí su oído, lo invocare toda mi vida."
Salmos 116:2 (NVI)

Puede ser muy frustrante cuando tú quieres hablar con alguien y nadie quiere escucharte. Cuando te sientes sola y aislada, cuando sientes que no hay nadie con quien hablar, recuerda que Dios está ahí. El escucha toda palabra que tu digas porque el siempre está contigo. El valora lo que tú piensas. A Él le importa como tú te sientes.

Dios quiere que tú le hables a El antes que busques a alguien más. El quiere que tú desarrolles una relación intima con El. Dios quiere que tú te acerques más a Él. Cuando tú practiques el comunicarte con Dios tú te sentirás más cercana a Él, porqué tú aprenderás a hablarle como a un amigo.

El Señor es justo en todos sus caminos y bondadoso en todas sus obras. El Señor esta cerca de quienes lo invocan, de quienes lo invocan en verdad. Cumple los deseos de quienes le temen, atiende a su clamor y los salva.
Salmos 145:17-19 (NVI)

Lo creas o no Hay alguien que ama el oír cada una de tus palabras. Dios promete oír tus oraciones. La oración es simplemente hablar con Dios. Tú puedes decirte todo. El ya sabe como tú te sientes, y que es lo que estas experimentando. El solamente quiere que tú le digas. El quiere que sepas que él te escucha atentamente. El nunca te interrumpirá. El nunca piensa que tus sentimientos no tienen importancia. El nunca piensa que tus pensamientos son ridículos. El nunca se retirara de tu lado cuando tu le estás hablando. Tú tienes su completa atención. El quiere que le hables como si fuera tu mejor amigo. El te escuchara y tomara en cuenta, porque te ama.

43

Para Discusión o Reflexión Personal

1. Lea Salmos 116:2 ¿Cuál es la postura de Dios cuando oramos o hablamos con Él?

2. ¿Cómo al hablar con Dios te satisface en tu necesidad de ser escuchada?

3. Reto: Para la próxima semana practica el hablar con Dios antes de compartir con otros de tus sentimientos, ideas, y tus pensamientos. Considera escribir en tu diario tus conversaciones. Para el fin de la semana, toma nota de cómo te ayudo el hablar con Dios.

Mi Oración para Hoy

Mi Dios, gracias por escucharme y tomar en cuenta lo que tengo que decir.

Día Nueve:

※

YO SOY dice, "Tu eres Conocida."

..Pero el que ama a Dios es conocido por El.
1 Corintios 8:3 (NVI)

¿Tú tienes miedo que la agente te conozca cómo eres realmente? Tal vez porque en tu pasado hubo rechazos o problemas con tu autoestima, sientas que tienes que usar una máscara con tus amistades. Tú crees que la gente te rechazara si llega a conocer realmente quien eres y que perderás su amistad y amor. Y por lo tanto, tienes una relación con tus amistades muy superficial y no hay una autentica conexión de amor, comprensión, o intima conversación. El resultado de esto es una relación hueca basada en la falsedad.

El problema de mantener a la gente distanciada, es que cuando tú experimentas un problema o una dificultad en tu vida, no hay alguien con quien tú puedas ser real y transparente. Tú no tienes una amistad que sea intima para poder compartir tus pruebas y dolores. Y como resultado tú cargas sola las situaciones de tu vida.

Tú puedes superar el temor y el dolor del rechazo. Tú puedes bajar la guardia y dejar que la gente vea la belleza que Dios creó en tu persona. Todo comienza cuando tú comprendes que Dios te conoce y te ama tal cual eres.

¿Qué Piensas Tu?

¿El rechazo causo que tú te ocultaras en una máscara, manteniendo a la gente distanciada?

Sacando la Basura Afuera:

"Yo tengo miedo que la gente me conozca."

¿Cómo tú reaccionas al rechazo?

¿Cómo te afecto con tus amistades el rechazo?

¿Tú tienes la tendencia a cambiar tu comportamiento o temperamento personal alrededor de la gente por temor a que pensaran de ti? ¿Qué piensas que es el motivo de tu actitud?

¿Te sentiste rechazada por gente que era cercana a ti?

Remplazando la Basura con el Tesoro

Antes de formarte en el vientre, ya te conocía...
Jeremías 1:5 (NVI)

Escucha su Palabra... Antes que nacieras, *Yo te conocía.* El ser conocido es ser comprendido completamente, íntimamente, y en su totalidad. Porque Dios te creo, el realmente te conoce. El conoce tus más profundas necesidades. El conoce la soledad y los deseos de tu corazón. El conoce tus dolores, frustraciones, y temores. El te estudia minuciosamente todos tus detalles porque él te conoce íntimamente. David reflexiona en la belleza de sus pensamientos cuando escribe asi:

> *Oh Señor tu me examinas, tú me conoces. Sabes cuando me siento y cuando me levanto, aun a la distancia me lees el pensamiento. Mis trajines y descanso los conoces, todos mis caminos te son familiares. No me llega aun la palabra a la lengua cuando tu, Señor, ya la sabes toda. Tu protección me envuelve por completo; me cubres con la palma de tu mano. Conocimiento tan maravilloso rebasa mi comprensión, tan sublime es que no puedo entenderlo.*
> Salmos 139:1-6 (NVI)

Salmos 139 muestra como Dios te conoce íntimamente. ¿Qué es lo que conoce Dios?

- El conoce absolutamente todo lo que haces. El sentarse y levantarse son acciones opuestos, eso representa tus actividades diarias. Dios conoce todas tus actividades del día, desde que te levantas hasta que es tiempo de ir a la cama. (Salmos 139:2).

- El conoce los pensamientos que motivan tus acciones. (Salmos 139:2)

- El examina tus pasos en tu vida. (Salmos 139:3)

- El tiene conocimiento de todos tus caminos y tus hábitos más íntimos (Salmos 139:3)

- El sabe las palabras que tu quieres decir antes que tu las digas. (Salmos 139:4)

Con el conocimiento más intimo que Dios tiene de ti, el te protege por todos los lados y te cubre con su mano. Este es un acto de protección y amor, no es para juzgar o condenar. ¿Qué significa esto? Quiere decir que Su conocimiento acerca de ti hace que te guarde como a una de sus hijas que adora. En otras palabras que te ama tal cual eres.

Con Dios, tú no tienes que esconderte detrás de tu apariencia externa o una máscara. Tú nunca tienes que pretender que eres alguien que realmente no eres. Tú nunca tienes que demostrar una falsa fortaleza. Tú no tienes que ocultar tus sentimientos verdaderos detrás de una sonrisa bacía. Tú puedes ser tu misma. Tú puedes ser real. Al confiarle tu verdadero yo, tu encontraras paz, aceptación y la confianza de ser la persona única que El te creo para que seas. Sabiendo que él te ama también te dará la fortaleza de abrirte a otros haciéndoles saber quien realmente eres.

Para Discusión o Reflexión Personal

1. Leer Salmos 139:1-6 Basado en tu propia vida. Registra todas las cosas que Dios conoce acerca de ti.

2. En tu opinión, explica porque es importante que Dios te conozca.

3. ¿Al aceptar la verdad que tú eres conocida y aceptada por Dios, como te ayuda a edificar autenticas amistades?

4. Vuelve a leer Salmos 139:1-6 en oración.

Mi Oración para Hoy

Señor, Yo te alabo porque tú me conoces. Te doy gracias que no tengo que ocultarme o usar una máscara delante de ti. Ayúdame a bajar mi guardia y dejar que la gente me conozca tal cual soy, para que pueda tener unas amistades íntimas y sanas.

Día Diez:

❧

YO SOY dice, "Tu eres Capaz."

Todo lo puedo en Cristo que me fortalece.
Filipenses 4:13 (NVI)

¿Cuándo tienes nuevas oportunidades inmediatamente dudas de tus habilidades? ¿Tienes la tentación de decir "Yo no lo puedo hacer" cuando Dios te pide que tomes un paso de fe a tu llamado? ¿Tú piensas porque no tienes una educación universitaria o entrenamiento en un Seminario tu no calificas para servir en el Reino de Dios?

Hubo un tiempo en tu vida cuando Dios te pidió que hicieras algo nuevo y porque no trabajo bien como tu pensabas tú debes aceptarlo como un fracaso? ¿Cómo tú sabes que has fracasado? ¿Cómo sabes que lo que trataste no tuvo éxito? La gente en muchas ocasiones espera que en la primera vez que trataron algo nuevo sea todo un éxito. Se les olvida que toma practica el ser competente de algo.

¿Crees que un escritor elabora el éxito de su libro la primera vez que escribe un libro?

¿Piensas que un orador o conferencista es elocuente las primeras veces que habla a una audiencia?

¡Por supuesto que no!

Toma tiempo. Tienes que dejar huellas de tus errores. Toma entrenamiento. Tu aprendes y creces por los errores que cometes al tratar lo mejor que puedes. Tú no puedes esperar las primeras veces que tratas algo que salga perfecto. El problema es que algunas personas se desaniman cuando no son exitosas inmediatamente. Les afecta a su autoestima, y ellos permiten que el temor del fracaso les paralice a buscar el llamado que Dios tiene para sus vidas. La palabra "No Puedo" nunca debe ser parte de su vocabulario.

Nuevas oportunidades pueden intimidarte si te enfocas solo en tus habilidades. La pregunta es ¿Yo tengo la disposición de dar ese paso para hacer lo que Dios me está pidiendo que haga? ¿Yo tengo la disposición de creer que él me equipara para completar la tarea?

¿Qué Piensas Tu?

Is the phrase "I can't" part of your vocabulary? Do you argue with God when he asks you to try something new?

Sacando la Basura Afuera:

"Yo pienso que no soy capaz de hacer el trabajo que Dios me esa pidiendo que haga."

¿Hay algo que tú sientes que Dios te está llamando a cumplir, pero la duda y el temor a fracasar previene que tu des ese paso de fe? ¿Qué es?

¿Cómo te ayuda al saber que Dios te equipara para cada tarea para dar ese paso a tu llamado?

Remplazando la Basura con el Tesoro

Pero Dios escogió lo insensato del mundo para avergonzar a los sabios, y escogió lo débil del mundo para avergonzar a los poderosos. También escogió Dios lo más bajo y despreciado y lo que no es nada, para anular lo que es, a fin de que en su presencia nadie pueda jactarse.
1 Corintios 1:27-29 (NVI)

Dios nunca te pedirá que hagas algo que él no te haga competente para hacerlo. Filipenses 4:13 dice: Todo lo puedes hacer. ¿Cómo? Todo lo puedes hacer en Cristo que te da la fortaleza. En otras palabras, Dios te equipara para que completes la tarea que él te pide que hagas. No es tu habilidad pero la de Él.

1 Corintios 1:27-29 enseña que cuando tú te sientes inadecuada, tú puedes confiar que Dios hará que tus aptitudes y esfuerzo sean suficientes para que hagas lo que él te está pidiendo. Dios está siempre contigo, guiándote y equipándote para cumplir con la tarea asignada. Creyendo que no lo puedes te robas las bendiciones que puedes recibir al dar ese paso de fe y confiando en Dios. "No Puedo" se convierte en "Yo Puedo" Veamos el ejemplo de la vida de Pedro.

Después de despedir a la gente, subió a la montana para orar a solas. Al anochecer, estaba allí él solo, y la barca ya estaba bastante lejos de la tierra, zarandeada por las olas, porque el viento le era contrario.

*En la madrugada, Jesús se acerco a ellos caminando sobre el
lago. Cuando los discípulos lo vieron caminando sobre el agua,
quedaron aterrados. ¡Es un fantasma! – gritaron de miedo. Pero
Jesús les dijo en seguida: ¡Cálmense! Soy yo. No tengan miedo.
Señor, si eres tu respondió Pedro, mándame que vaya a ti sobre
el agua. Ven dijo Jesús. Pedro bajo de la barca y camino sobre
el agua en dirección a Jesús. Pero al sentir el viento fuerte, tuvo
miedo y comenzó a hundirse. Entonces grito: -¡Señor, sálvame!
En seguida Jesús le tendió la mano y sujetándolo, lo reprendió:
¡Hombre de poca fe! ¿Por qué dudaste?*
Mateo 14:23-31 (NVI)

Pedro bajo a un lado de la barca y camino sobre el agua porque
Jesús le dijo ven. Humanamente, lo que él hizo era imposible, pero
bajo la dirección y control de Jesús lo imposible se hace posible.
Pedro empezó a hundirse solamente cuando él fue distraído por
la razón que estaba caminando sobre el agua. ¡Caminar sobre el
agua! El minuto que el dejo su mirada en Jesús, empezó a hundirse.
¿Pedro fallo? No. El experimento caminar sobre el agua con Jesús,
fue la aventura su vida. Además, aprendió una lección de valor, el
confiar en lo Dios dice que se puede a pesar de lo que él pudo ver
o sentir.

¿Qué te está pidiendo Dios que hagas? Tienes que saber esto, Si
tu estas en su voluntad tú no fracasaras. En cada paso de fe, será una
oportunidad de crecimiento y aprendizaje in importar lo que venga.
Aun los eventos que consideramos fracasos no son fracasos cuando
Dios está en ello. Tú necesitas saber que todo lo puedes en Cristo.
Puedes seguir adelante, confiando que él te equipara.

Para Discusión o Reflexión Personal

1. Leer 1 Corintios 1:27-29 ¿A quien elige Dios para hacer su trabajo? ¿Cómo te anima la elección que hace Dios?

2. Filipenses 4:13 dice, Yo lo puedo hacer todo con Cristo que me fortalece (NIV) Explica que quiere decir hacer todas las cosas "por medio de él.

3. Leer Mateo 14:29-31 Pedro tuvo la oportunidad de caminar sobre el agua porque Cristo le permitió que lo hiciera. ¿Qué te enseña la experiencia de Pedro?

4. Describe la diferencia entre confiar en El que te equipa y confiar en tus propias habilidades.

5. Reto: ¿Qué te llamo a hacer Dios? Comparte tu llamado con una compañera de confianza. ¿En los siguientes 30 días que pasos tomaras para lograr tu llamado?

Mi Oración para Hoy

Gracias por equiparme para toda buena obra. Gracias por decirme "Tú puedes hacerlo" cuando pienso que yo no puedo. Ayúdame a recordar que todas las cosas que yo hago son por medio de Cristo quien me da la fortaleza.

Día Once:

YO SOY dice, "Tu eres Confidente."

Porque el Señor será tu confianza...
Proverbios 3:26 (LBLA)

¿Qué es confidencia? De acuerdo al diccionario "Tener confianza, fe en uno mismo y sin sugerir arrogancia". La confidencia te hace sentir segura de ti misma y valiente. El problema con la confidencia es que es muy difícil para desarrollarla y fácil de perderla.

Hay dos tipos de confidencia que tú puedes desarrollar. Puedes tener la confianza en ti misma o tener la confianza en Dios.

Confianza en ti misma enfatiza tu fe en:

- Logros
- Educación
- Habilidad natural

- Riqueza
- Posición
- Poder

La confidencia en Dios enfatiza tu fe en Dios para trabajar en ti y por medio de ti.

La sociedad enfatiza la importancia de la autoconfianza o confidencia en ti misma. Aquí está el problema: La baja autoestima se ha levantado como una epidemia desproporcionada. La gente de todas partes sufre de falta de confidencia y un 80% de mujeres sufren de una baja estima en problemas con la imagen de su cuerpo.* Cuando la fundación de tu confidencia es mundana, basada en lo que puedes o no hacer, tu confidencia sufre en minutos una desgracia. Considera que pasa cuando el hombre que edifico su vida en posiciones y poder se derrumban. ¿Qué pasa cuando tu riqueza se termina? ¿Qué pasa cuando tu educación no está de acuerdo con el trabajo que deseas?

Porque los humanos no son perfectos, tu confidencia puede ser estrellada delante de ti. Tú eres humana. Harás errores, fallas, y tendrás dificultades.

Nuestra confidencia nunca fue diseñada para que sea en nosotras mismas. Antes bien fue diseñada en Dios para ser quien somos en el. Si tu confidencia viene de cualquier cosa que no sea en Cristo, entonces tu confidencia está equivocada y corre peligro de ser destruida.

¿Qué Piensas Tu?

¿De dónde viene tu confidencia? ¿Cuál es su fundación?

---

* Social Issues Research Center, National Organization for Women

Sacando la Basura Afuera:

"Mi confidencia depende de mis propias habilidades y educación."

Describe que te hace sentir confidente o porque tu experimentas falta de confidencia.

Remplazando la Basura con el Tesoro

"Pero benditos son los que confían en el Señor y han hecho que el Señor sea su esperanza y confianza. Son como árboles plantados junto a la ribera de un rio con raíces que se hunden en las aguas. A esos árboles no les afecta el calor ni temen los largos meses de sequia. Sus hojas están siempre verdes y nunca dejan de producir fruto.
Jeremías 17:7-8 (NTV)

Mucha gente tiene la tentación de poner su confidencia en los valores del mundo. Ellos piensan:

- Yo puedo tener confidencia en mis posiciones materiales
- Yo puedo tener confidencia en el éxito de mi trabajo.
- Yo puedo tener confidencia en mi belleza.

Pero si tú sientes que no tienes nada de estas cosas, entonces tu confidencia será débil y tu autoestima sufrirá. La Palabra de Dios te ayuda a desarrollar una confidencia en Dios solamente.

Desde el Antiguo Testamento hasta el Nuevo Testamento la Biblia está llena de ejemplos como Dios trabajo con la gente y por medio de ellos también. Moisés nació de una esclava en Egipto pero se hizo príncipe cuando fue adoptado por la hija del Faraón. El estaba educado, rico, y poderoso. El tenía toda la razón de tener una confidencia en sí mismo como en el mundo. Pero, la vida de Moisés dio un vuelco drástico en su vida.

> *Muchos años después, cuando ya era adulto, Moisés salió a visitar a los de su propio pueblo, a los hebreos, y vio con cuanta dureza los obligaban a trabajar. Durante su visita, vio que un egipcio golpeaba a uno de sus compatriotas hebreos. Entonces Moisés miro a todos lados para asegurarse de que nadie lo observaba, y mato al egipcio y escondió el cuerpo en la arena. Al día siguiente, cuando Moisés salió de nuevo a visitar a los de su pueblo, vio dos hebreos peleando. ¿Por qué le pegas a tu amigo? Le pregunto Moisés al que había empezado la pelea.*
> *El hombre le contesto: ¿Quién te nombro para ser nuestro príncipe y juez? ¿Vas a matarme como mataste ayer al egipcio? Entonces Moisés se asusto y pensó: "Todos saben lo que hice."*
> *Efectivamente, el faraón se entero de lo que había ocurrido y trato de matar a Moisés; pero el huyo del faraón y se fue a vivir a la tierra de Madian. Cuando Moisés llego a Madian, se sentó junto a un pozo.*
> Éxodo 2:11-15 (NTV)

Moisés hizo un gran error que le costó todo. Su educación, riqueza y posición no le pudieron ayudar ahora. Su propia confidencia estaba completamente destruida. Luego años después, estando en el desierto, Dios le llamo a Moisés y le dio una importante misión.

> *¡Mira! El clamor de los israelitas me ha llegado y he visto con cuanta crueldad abusan de ellos los egipcios. Ahora ve, porque te envió al faraón. Tu va a sacar de Egipto a mi pueblo Israel. Pero Moisés protesto: ¿Quién soy yo para presentarme ante el faraón? ¿Quién soy yo para sacar de Egipto al pueblo de Israel? Dios contesto: Yo estaré contigo. Y esta es la señal para ti de que Yo Soy quien te envía: cuando hayas sacado de Egipto al pueblo, adoraran a Dios en este mismo monte. Pero Moisés volvió a protestar: Si voy a los israelitas y les digo:*

"El Dios de sus antepasados me ha enviado a ustedes", ellos me preguntaran: ¿Y cuál es el nombre de ese Dios? Entonces ¿Qué les responderé? Dios le contesto a Moisés: "Yo Soy El Que Soy me ha enviado a ustedes."
Éxodo 3:9-14 (NTV)

Dios llamo a un hombre, que tenia errores morales y que lo perdió todo, para liberar a los hijos de Israel de la esclavitud. Dios tuvo confidencia (confianza) en Moisés. Dios conocía a Moisés a pesar de su resistencia, era la persona perfecta para liberar a su gente y dirigir la nación. Luego Moisés dijo al Señor, "Por favor Señor, Yo nunca fui elocuente, en el pasado o ahora que tu hablas con tu siervo; ya que soy lento para hablar y tartamudo.

Entonces el Señor le pregunto: ¿Quién forma la boca de una persona? ¿Quién decide que una persona hable o no hable, que oiga o no oiga, que vea o no vea? ¿Acaso no soy yo, el Señor? ¡Ahora ve! Yo estaré contigo cuando hables y te enseñare lo que debes decir.
Éxodo 11-12 (NTV)

En aquel día, Dios empezó a reconstruir la confidencia de Moisés. Dios le aseguro a Moisés que su presencia estaría, con su poder, sus habilidades y que ambos trabajarían en él y por medio de él para cumplir su propósito. Él le dijo a Moisés que tuviera confianza en Dios en vez de confiar en el mismo. Los próximos años fueron muy excitantes y cansadores para Moisés. El tuvo que confrontar muchas pruebas, pero con cada nueva confrontación él aprendió a confiar y apoyarse en la ayuda de Dios.

Así como Moisés tú también debes aprender a poner la confianza en Dios. Jeremías 17:7-8 nos enseña que la verdadera confianza es el resultado que viene de la confianza en el Señor. Cuando tu confidencia viene de El tú eres inquebrantable. No importa que pase en la vida, tú puedes seguir plantada dando fruto y creciendo continuamente siendo productiva, a pesar de los tiempos dificultosos.

Para Discusión o Reflexión Personal

1. Describe en tus propias palabras la diferencia entre confidencia propia y confidencia en Dios.

2. Como Jeremías 17:7-8 describe a los que hicieron pusieron su confidencia en el Señor?

3. ¿Qué significa en términos prácticos para ti el hacerle al Señor tu confidente?

Mi Oración para Hoy

Señor, Yo deseo tener la confidencia en Dios. Ayúdame a recordar que tú eres mi fuente de una confidencia inquebrantable.

Que nuestro Señor Jesucristo mismo y Dios nuestro Padre,
quien nos amo y por su gracia nos dio consuelo eterno
y una esperanza maravillosa
2 Tesalonicenses 2:16 (NTV)

Día Doce:

❦

YO SOY dice, "Tu eres Aceptada."

...gracia que derramo sobre nosotros,
los que pertenecemos a su Hijo amado
Efesios 1:6b (NTV)

Aceptación, todos desean esto, pero muy poca gente la experimenta. ¿Por qué? Porque buscamos la aprobación y aceptación de otro ser humano con defectos como lo somos nosotros. Mucha gente gasta tiempo en su vida tratando de ganar la aceptación de otros. Es natural querer ser parte del "grupo" uno de los "miembros" uno de los "populares". Ponemos toda nuestra energía y esfuerzo tratando de "encajar en el ambiente" estar en los que son "conocidos" porque eso nos hace sentir deseados y valorados y eso hace mejorar nuestra autoestima.

Había una vez una dama que era tan dulce como ella sola podía ser pero tenía dificultades para socializarse. Ella trataba con todo su esfuerzo hacer amigas y encajar con el grupo pero era una grande dificultad para ella. Ella un día se envolvió con un grupo de la iglesia y dio su tiempo voluntario con la esperanza de hacer amistades finalmente. Ella trabajo muy duro hacia todo lo que se le pedía y ella hacia lo mejor que estaba en sus habilidades, pero cuando una persona critico su trabajo, ella estaba muy dolida. Fue muy doloroso verle a ella de esa manera.

Tal vez tú puedas identificarte con esta dama, Tal vez tú sabes lo que es desear ser aceptada o ser parte del grupo. Tal vez tú siempre te encuentras mirando por fuera solamente. Tal vez tú tienes dificultades para establecer nuevas amistades.

Las mujeres necesitan tener amigas. Pero se preocupan si serán aceptadas. Buscando la aceptación de otras personas puede llevarles eventualmente a lastimarse en el corazón y su baja autoestima. ¿Por qué? Porque tú puedes tener la tentación de comprometer tus valores para ser parte del grupo. Déjame darte un ejemplo: A ti te cae bien Sally. De hecho deseas su aceptación. Un día en una conversación Sally empezó a chismear acerca de una mujer del grupo. Tú sabes lo que dice Dios que el chisme es malo, Pero quieres la aceptación de Sally y te haces parte del chisme. Al manejar de regreso a tu casa empiezas a sentirte muy mal porque sabes que no era lo correcto hacer eso solo para ser aceptada.

¿Qué Piensas Tu?

Is the acceptance of others important to you?

Sacando la Basura Afuera:

"Yo necesito la aprobación y aceptación de otros para sentirme bien conmigo misma."

¿Cuán importante son para ti las opiniones de otros?

¿La necesidad de ser aprobada y aceptada influye en tus acciones? ¿Cómo?

¿Te sientes incomoda cuando piensas que no le gustas a alguien o que está enojada contigo? Si es así, ¿Cómo reaccionas?

¿Hay alguna persona en particular que estas tratando de ganarte su aprobación o aceptación? Describe porque su opinión es importante para ti.

Remplazando la Basura con el Tesoro

Pues el reino de Dios no se trata de lo que comemos o bebemos, sino de llevar una vida de bondad, paz y alegría en el Espíritu Santo. Si tú sirves a Cristo con esa actitud, agradaras a Dios y también tendrás la aprobación de los demás.
Romanos 14:17-18 (NTV)

Ser aceptado quiere decir recibir de buena voluntad. Eso quiere decir que te quieran por quien tu eres sin tener que hacer cosas ridículas para ganarte la aprobación o la amistad. La necesidad de ser aceptada por otros puede a ser eliminado cuando tu sabes que eres aceptada por Dios por medio de Jesucristo. Necesitas saber esto:

- No tienes que esforzarte por ganar Su aceptación.
- Tú no tienes que negociar para ganar Su amor.
- Tú no tienes que cambiar para que le caigas bien.

Tú solamente necesitas ser tu misma. Las Escrituras dicen que tú eres aceptada por Dios porque tú confiaste en el sacrificio de Jesucristo.

Somos aceptados en su Hijo amado.
Efesios 1:6 (NVI)

Romanos 14:17-18 nos ensena que nuestra prioridad es vivir una vida de bondad, paz y gozo en El Espíritu Santo y al servir a Cristo tú complaces a Dios. ¿Pero notaste que mas pasa? *¡Otros te aprobaran también!* La gente no podrá resistir tu hermosura que está centrada en el corazón de Cristo.

Vive para complacer a Dios y otros te aprobaran también. Tú no quieres la aceptación de cualquiera. ¡Porque tu serás aceptada por aquellos que Dios valora su opinión!

Para Discusión o Reflexión Personal

1. Reflexiona en lo que significa vivir una vida que agrade a Dios.

2. ¿Cómo puede satisfacer tu necesidad de ser aceptada viviendo para agradar a Dios?

3. ¿Cómo puede distraerte la búsqueda de la aprobación de otros para vivir agradando a Dios? ¿Cuáles son tus señales de advertencia que puedas estar viviendo para tener la probación de otros?

4. Desafío: ¿Hay alguna persona que tu desearías que te acepte? Esta semana ora, y pregúntale a Dios porque tú sientes que necesitas la aprobación de esa persona. Pídele que te ayude a encontrar las raíces de esa necesidad. Cuando tu veas a esa persona ora. "Dios, yo vivo solo para complacerte. Tu aprobación y aceptación es lo más importante. Permite que mis acciones y actitudes sean llenos de gozo, paz y bondad.

Mi Oración para Hoy

Dios mío, Gracias por aceptarme por medio de Jesús. Yo quiero vivir para complacerte. Tu aprobación es la que deseo, más que la de otras personas. Enséñame si puse una gran prioridad en ser aceptada por otros en vez de vivir para complacerte a ti.

DÍA TRECE:

❧

YO SOY dice, *"Tu eres Estable."*

Con paciencia espere que el Señor me ayudara, y él se fijo en mi
y oyó mi clamor. Me saco del foso de desesperación,
del lodo y del fango. Puso mis pies sobre suelo firme y a medida
que yo caminaba me estabilizo.
Salmos 40:1-2 (NTV)

¿Te sientes estresada? ¿Está tu mente preocupada o perturbada con lo que está pasando alrededor de ti en el mundo? ¿Has mirado las noticias últimamente? Es buena idea tratar de estar al tanto de lo que está pasando, pero es deprimente escuchar. Familias están perdiendo sus casas, los bancos están fracasando, la industria de los carros necesitan ser rescatados, hay guerras, terremotos, enfermedades crónicas y gente con necesidades. Los tiempos que estamos viviendo son de terror e inseguridad. La tragedia está llegando muy cerca de nuestra casa.

Son tantas malas noticias que no podemos dejar de preocuparnos acerca del futuro. Es un error pone fe en instituciones. Dios es el proveedor de todas tus necesidades. El sabe lo que está pasando en tu vida. El sabe que tu estas preocupada por tu trabajo y el trabajo de tu esposo. El sabe que estas preocupada por hacer el pago de tu casa, y por la comida en tu mesa. El sabe que los tiempos son difíciles. El sabe que tu estas preocupada por el futuro.

¿Tu estas aprendiendo a confiar en Dios en estos tiempos difíciles? ¿Tú buscas a Dios para que te de fortaleza para sobrellevar cada día? Tu descansas con paz en su amor, o tu permites que las circunstancias te desestabilicen?

¿Qué Piensas Tu?

¿Te sientes estresada acerca del futuro? ¿Te sientes agitada y perturbada?

Sacando la Basura Afuera:

"Yo estoy estresada por las finanzas, mis hijos y mi salud."

Haz una lista de las aéreas en tu vida que causan que te sientas estresada o preocupada.

¿Cómo te afecta en tu salud y actitud el estrés o preocupación?

¿Qué control, tienes tú sobre la situación que enlistaste?

Remplazando la Basura con el Tesoro

Sé que el Señor siempre está conmigo; no seré sacudido, porque él está aquí a mi lado. Con razón mi corazón está contento y yo me alegro; mi cuerpo descansa seguro.
Salmos 16:8-9 (NTV)

Es importante que aprendas a poner tu mirada en todo tiempo en El si quieres tener paz. Salmos 16:8-9 nos enseña como podemos estar en paz en tiempos inciertos. David dice que pone al Señor delante *continuamente*. En otras palabras no importa que esté pasando en la vida de David el pone su mirada en Dios. *En todo tiempo* y sin interrupciones el pone delante de el al Señor. El ponía su mirada en Dios y no en sus circunstancias. Y como resultado, David estaba estable, su corazón estaba contento, y se sentía seguro y protegido.

El mismo principio también trabaja en tu vida. Cuando tú mantienes tu mirada en Dios y no dejas que las circunstancias te distraigan, tú experimentaras tranquilidad. No es fácil pero es posible. Cuando las circunstancias empiezan hacerte sentir intranquila, chequea donde está tu mirada. Luego vuelve a enfocar tu atención en Dios. Practica este ejercicio.

- **Orar.** Ora una y otra vez por la paz de Dios pero habla con Dios de lo que está pasando.
- **Alaba.** Pon tu alabanza favorita porque la alabanza conecta tu corazón con la de Dios. La Escritura dice que en la alabanza hay plenitud de gozo. La alabanza calma tu mente, trae gozo al corazón y te recuerda que Dios está en control.
- **Confía.** Confía en la Palabra de Dios repitiendo las promesas de Salmos 16:8-9 una y otra vez. Dilo en voz alta. "Porque yo puse delante de mí a Dios continuamente, Yo no seré sacudida mi corazón está contento mi gloria se Regocija y descansare segura.

Manteniendo a Dios delante de ti continuamente te dará una diferente perspectiva. Cuando tu estas más cerca de Dios mediante la oración, alabanza, y confianza, tu lo sentirás a El muy cerca de ti. Tu sentirás su amor y su presencia en los momentos más difíciles y tu experimentaras lo que significa estar protegida por Dios.

¡Qué precioso es tu amor inagotable, oh Dios! Todos los seres humanos encuentran refugio a la sombra de tus alas.
Salmos 36:7 (NTV)

Para Discusión o Reflexión Personal

1. Lea Salmos 16:8-9 ¿Cuáles son los resultados de poner a Dios delante de ti? ¿Cómo te beneficia estos resultados en tu vida?.

2. ¿Qué sentimientos resulto al ser sacudida por tus circunstancias?

3. ¿Qué puedes tú hacer para cultivar el hábito de mantener continuamente a Dios delante de ti?

Mi Oración para Hoy

Señor Yo quiero estar segura en ti y en tus provisiones para mi vida. Enséñame a mantenerte delante de mí continuamente para que Yo no sea sacudida por las circunstancias de la vida. Ayúdame enseñándome a tener fe y confianza solamente en ti.

Día Catorce:

YO SOY dice, "Tu eres Santa."

Cantad alabanzas al Señor,
vosotros sus santos, y alabad su santo nombre.
Salmos 30:4 (LBLA)

Burlarse y llamar nombres es algo típico que ocurre en la infancia. Yo puedo recordar cuando todos lo hacían, incluyendo los niños, que les gustaba burlarse y llamarme nombres. Al principio las burlas y los nombres que me llamaban eran inofensivos. "Si no caminas derecho y sacas tu lengua te miraras como un cierre," ¿Como está la temperatura ahí arriba?" "Ojos de aceituna" Poco a poco estos nombres se convirtieron en ataques personales: "perdedora" "fea" "estúpida" etc. A la edad de los doce años esos nombres pican y molestan. Más adelante esos nombres empezaron a penetrar en lo profundo de mi corazón, dañando mis pensamientos y luego se me hicieron verídicos. Se hicieron mi identidad. Fueron sin lugar a duda los tiempos más dificultosos y de soledad en mi vida.

Aquí esta lo raro. Yo iba a la iglesia mis padre eran cristianos quienes fielmente leían la Palabra de Dios. Pero nunca nadie me había dicho que Dios tenía una opinión diferente de mi apariencia.

70

Tal vez a los doce años de edad no tenía la madurez para asimilar esa verdad, pero tengo que creer que sabiendo la verdad me hubiera ayudado a sobrellevar mi autoestima.

Hay victimas innumerables que en su infancia les llamaron nombres y todavía pueden oír las palabras de sus compañeros de clase. Hay mujeres que sufrieron igualmente y tienen corazones quebrantados por el abuso verbal de sus padres o esposo. No importa de dónde procedan estos nombres, la cosa es que los nombres quedan grabados en nosotras y nos hacen dudar de nuestro valor.

¿Qué Piensas Tu?

¿Has sido tú víctima de burlas por los nombres que te llamaron?

Sacando la Basura Afuera:

"Yo fui la burla de otros que me llamaron nombre y eso duele. Mis padres y maestros me dijeron que yo era una tonta y Yo les creí a ellos."

¿Puedes describir un tiempo cuando alguien se burlo y te llamo nombres?

¿Cómo te hicieron sentir?

¿Cómo tú respondiste?

Remplazando la Basura con el Tesoro

.. a los que han sido santificados en Cristo Jesús, llamados a ser
santos, con todos los que en cualquier parte invocan el nombre
de nuestro Señor Jesucristo, Señor de ellos y nuestro.
1 Corintios 1:2 (LBLA)

¿Tú sabes cómo te llama Dios? El te llama Santa, Al respecto de acuerdo con las Escrituras, aquellos que creen en el Señor Jesucristo son santos. Los santos son los santos de Dios. ¿Cómo te gusta que Dios te llama con un nombre que tu jamás lo reclamaste? En efecto una cosa que notaras cuando leas el Antiguo Testamento es que Dios tiene la costumbre de nombrar a los creyentes con nuevos nombres. Por ejemplo, Abram y Sarai, una pareja que no tenía hijos, les llamo Abraham y Sarah padres de generaciones y descendientes. En el Nuevo Testamento Jesús hizo lo mismo. Por ejemplo:

- El grupo de hombres que le llamo eran, un colector de impuestos, un celador, un pescador y los hizo Apóstoles. (Lucas 6:13)

- Simón, un hablador y hombre impulsivo lo hizo Pedro, la Roca. (Mateo 16:18)

- Saúl, un temeroso perseguidor y criminal de creyentes, lo hizo el Apóstol Pablo. (Hechos 13:9)

Jesús veía potencial en la gente, El miraba a la gente y veía como ellos podían ser diferentes a pesar de su manera de vivir. No importa que otros digan de ti, no importa que sea lo que piensan acerca de tu persona. Las Escrituras te llaman Santa. Creyendo lo que Dios dice que eres en su palabra, mejorara tu autoestima y tu valor y te dará una solida identidad. Mira como su Palabra contradice los nombres que los niños me llamaban:

- En Cristo "El perdedor" se convierte en santo, llamado y apartado para Dios. (1 Corintios 1:2

- En Cristo "la muchacha fea" se convierte en una pieza de arte. (Efesios 2:10)

- En Cristo "la muchacha estúpida" obtiene la mente de Cristo. (1Corintios 2:16)

¿Tú no prefieres mejor creerle a Dios que a las mentiras, y las voces dolorosas de otra gente? Las palabras tienen poder para destrozarnos. La Palabra de Dios tiene el poder para edificarnos. Elije que Dios sea quien defina tu identidad.

Para Discusión o Reflexión Personal

1. ¿Al creer en la Palabra de Dios como puede mejorar tú autoestima?

2. Reflexiona acerca de tu vida. ¿De qué manera la Palabra de Dios contradice los nombres que te llamaron o comentarios mal intencionadas de otros? Usando ese diagrama haz una lista de los nombres que te llamaron o comentarios que te lastimaron. Enlista como contradice la Palabra de Dios cada uno de ellos. Usa los tesoros del cofre enlistados en el apéndice A para tu ayuda (página 169).

Nombres que te llamaron o comentarios mal intencionadas de otros	Como contradice la Palabra de Dios esos nombres o comentarios.

Nombres que te llamaron o comentarios mal intencionadas de otros	Como contradice la Palabra de Dios esos nombres o comentarios.

3. Desafío: Cada vez que tengas la tentación de creer un comentario negativo acerca de tu persona practica el ejercicio de la basura y el Tesoro. Escribe los comentarios negativos y tíralos a la basura. Luego escribe una verdad del cofre de tesoros que contradice los comentarios negativos. Practica repitiendo los tesoros de la verdad en la Palabra de Dios cada vez que vengan a tu mente los comentarios negativos. Porque haciendo esto tu estas aprendiendo a usar la Escritura como una espada. Es la espada de la Palabra que derriba las mentiras del enemigo que trata de robarte tu identidad en Cristo.

Mi Oración para Hoy

Señor, Yo fui lastimada por las palabras de otras personas. Yo permití que esos nombres que me llamaban y los comentarios negativos afectaran mi identidad. Ahora yo hago un compromiso de pelear esas mentiras. Ayúdame, quiero aprender a usar la Palabra como mi espada para derrotar al enemigo.

DÍA QUINCE:

YO SOY dice, "Tu eres regocijo."

...Y como se regocija el esposo por la esposa,
tu Dios se regocijara por ti.
Isaías 62:5b (LBLA)

¡Esta es una gran verdad! ¿Alguna vez has mirado al novio esperando por su novia en el altar? Ansiosamente el espera el momento cuando ella aparecerá por la parte de atrás de la iglesia. El momento que la ve, le falta aire en su corazón. Respira profundamente y sonríe. Su corazón se llena de un gozo puro y lagrimas le salen de sus ojos al ver a su amada aproximarse hacia él. Isaías 62:5 nos dice que Dios se regocija en nosotros como el novio se regocija con su novia.

El regocijarse en alguien es tener un gran gozo en ello. Tú pones una sonrisa en el rostro de Dios.

- El sonríe cuando piensa en ti-lo cual es todo el tiempo.

- El se regocija tomando tiempo contigo.

- El celebra mirándote que tú seas tú misma.

- El está encantado contigo.

- El esta cautivado por tu belleza.

- El te ama.

¿Qué Piensas Tu?

¿Qué sientes al saber que Dios se regocija contigo? ¿Tienes alguna razón para pensar que Dios no se regocija contigo?

Sacando la Basura Afuera:

"Yo no siento ese regocijo por mis errores pasados. Como Dios puede regocijarse en mi?"

Describe que significa para ti que Dios se regocija contigo.

¿El regocijo de Dios depende de cualquier cosa que haces o que no haces? Describe porque sientes tú de esta manera.

Lee Romanos 5:8 ¿Qué te enseña este versículo acerca de tus acciones y del amor de Dios hacia ti?

¿Cómo puede mejorar tu autoestima al saber la verdad que Dios se regocija en ti?

¿Hay alguien en especial en tu vida con quien amas compartir, como tu esposo, novio, hijo? Imagínate así también Dios siente por ti.

Remplazando la Basura con el Tesoro

Porque el Señor tu Dios está en medio de ti como guerrero
victorioso. Se deleitara en ti con gozo, te renovara
con su amor, se alegrara por ti con cantos.
Sofonías 3:17

¡Dios no dice solamente que se regocija en ti; El lo demuestra! En Sofonías 3:17, Dios nos da un ejemplo de cómo se regocija en nosotros.

Primero, en este verso dice Dios está contigo. Dios demuestra su regocijo en ti con su presencia. El prometió nunca dejarte o desampararte. David considero esta verdad maravillosa. Diciendo:

Tu protección me envuelve por completo; me cubres con la
palma de tu mano. Conocimiento tan maravilloso rebasa mi
comprensión; tan sublime es que no puedo entenderlo. ¿A dónde
podría alejarme de tu Espíritu? ¿Adónde podría huir de tu
presencia? Si subiera al cielo, allí estas tú; si tendiera mi lecho
en el fondo del abismo, también estas allí. Si me elevara sobre
las alas del alba, o me estableciera en los extremos del mar, aun
allí tu mano me guiaría ¡me sostendría tu mano derecha!
Salmos 139:5-10 (NVI)

La presencia de Dios te envuelve. Tú nunca sola estas. Nunca estas sin ayuda. No importa donde vayas o que hagas Dios siempre está ahí. El siempre está a tu lado.

Segundo, En Sofonías 3:17 dice: *El Poderoso te salva.* Dios demuestra su regocijo en ti al salvarte.

> *Porque tanto amo Dios al mundo, que dio a su Hijo unigénito, para que todo el que cree en el no se pierda, sino que tenga vida eterna. Dios no envió a su Hijo al mundo para condenar al mundo, sino para salvarlo por medio de él.*
> Juan 3:16-17 (NVI)

Dios, quien se deleita en ti, no pudo resistir estar separado de ti por el pecado. Por ello envió a Jesús, quien en obediencia y voluntad fue a la cruz para pagar la penalidad del pecado. Porque él murió, tu puedes vivir por siempre con Dios en el Cielo.

Tercero, Sofonías 3:17 en la versión de Buenas Nuevas dice Dios demostró su regocijo en ti dándote una vida nueva.

> *...En su amor él te dará vida nueva. El cantara y se regocijara en ti, Por su amor te da salvación y una transformación en tu vida. ¿Qué más podría hacer para demostrarte que él se regocija en ti?*

Para Discusión o Reflexión Personal

1. ¿Cómo Dios te demostró su regocijo en ti? Por ejemplo, ¿Cómo respondía el tus oraciones? ¿Qué bendiciones te dio el?

2. Describe el momento cuando tú sentiste la presencia o la paz de Dios. ¿Cómo te sentiste?

3. Desafío: Cada día por los siguientes siete días toma nota cuando Dios te demuestre su regocijo en ti.

Día de la Semana	Como Dios hoy se regocijo en mi

Mi Oración para Hoy

Padre, gracias por todas las bendiciones que me has dado en mi vida. Yo estoy sorprendida que tú te regocijes en mi. Gracias por estar siempre conmigo. Gracias por salvarme. Gracias por consolarme. Gracias por cantarme. Yo me Regocijo que tú te deleites en mi.

Día Dieciséis:

❧

YO SOY dice, "Tu estas protegida."

Tú eres mi refugio; tú me protegerás del peligro y me rodearas
con canticos de liberación.
Salmos 32:7 (NVI)

Yo fue a una mamografía que suponía era rutinaria. Por lo menos eso es lo que dijo el doctor. Al salir la enfermera dijo, "nosotros le llamaremos solamente si hay algo malo". En menos de veinticuatro horas más tarde recibí una llamada telefónica. La oficina del doctor dejo un mensaje el viernes por la noche diciendo que debo de volver lo más pronto posible. Por supuesto cuando regrese la llamada la oficina ya estaba cerrada por el fin de semana. Mi esposo estaba fuera por su trabajo, así que por el resto de la noche mi mente y mi alma estaban asediadas de temor. El ataque era implacable.

Que si era todo lo que pensaba. Mi mente recordaba rostros de mis amigas quienes habían sido diagnosticadas con cáncer en el ceno, en los últimos años-muchas de ellas madres jóvenes como yo. Era una lucha no quebrantarme delante de mis hijos. Y justamente cuando estaba más angustiada y sin poder seguir otro minuto más, el teléfono sonó. Era mi querida amiga que "justamente" me estaba llamando. Cuando ella oyó mi voz lleno de temor, pregunto qué estaba pasando. En un tono firme me ordeno que cerrara mi computadora (¿Como ella sabía que yo ya estaba investigando?) y que pusiera mi atención a Dios y su Palabra. Ella oro por mí y colgó el teléfono.

Mi amiga fue impresionada por Dios para llamarme por teléfono. Ella también había experimentado ese mismo temor recientemente, por eso entendía los sentimientos de temor y el terror. Escuche su consejo. Leyendo la Biblia y orando causo que recordara que Dios es mi refugio. El problema no estaba resuelto, pero cambio mi perspectiva. Ya no había pensamientos de temor que me angustiaran. Al contrario la paz de Dios me permitió hacer frente al temor y descansar. Su protección vino en forma de una llamada telefónica. A Dios le importo mis sentimientos y se movió inmediatamente para suplir mi necesidad.

¿Cuándo fue la última vez que sentiste temor y angustia? ¿Qué hiciste? ¿Pusiste tu mirada en Dios o sentiste que Dios no noto que está pasando? ¿Cuándo estabas temerosa, algo inusual paso, como una inesperada llamada de teléfono o de repente alguna amiga paro a ver como estabas? ¿Podría ser que Dios te estaba protegiendo y calmándote?

El ser Cristiano no quiere decir que no tendremos problemas o que no enfrentaremos situaciones. Solamente quiere decir que cuando eso pase Dios estará contigo. El te ayudara y te sostendrá. Cuando sientas miedo, cuando necesitas ser confortada, tu puedes arrullarte en los brazos de Dios y el te confortara y protegerá.

¿Qué Piensas Tu?

¿Cómo Dios te protegió?

Sacando la Basura Afuera:

¿Si Dios me protege porque me pasan cosas malas? ¿Por qué yo u otras personas que amo se enferman? ¿Por qué tengo dificultades financieras?

¿Qué piensas que significa el estar protegida por Dios?

¿Piensas que por ser cristiana quiere decir que no experimentaras pruebas y problemas en la vida?

¿En tiempos de dificultad como Dios fue tu amparo?

Remplazando la Basura con el Tesoro

En este mundo afrontaran aflicciones,
pero ¡anímense! Yo he vencido al mundo.
John 16:33b (NVI)

Dios nunca dijo que por ser cristianos tendríamos excepción de problemas o tribulaciones. Al contrario dijo todo lo opuesto. Muchas tribulaciones y pruebas vendrán en tu camino. Dios quiere que aprendas que puedes tener paz en esos momentos de dificultad. Dios quiere que descubras y vivas la verdad que El es tu refugio y tu protector. Leyendo la Biblia esa noche yo encontré pasajes que los escribí y lleve conmigo a la oficina del doctor. Que decían:

Pero ahora, oh Jacob, escucha al Señor, quien te creo,
Oh Israel, el que te formo dice: "No tengas miedo, porque he
pagado tu rescate; te he llamado por tu nombre:
eres mío. Cuando pases por aguas profundas, yo estaré contigo.
Cuando pases por ríos de dificultad, no te ahogaras.
Cuando pases por el fuego de la opresión, no te quemaras;
las llamas no te consumirán. Pues yo soy el Señor,
tu Dios, el Santo de Israel, tu Salvador.
Isaías 43:1-3a (NTV)

Estos versículos fueron mi refugio repitiendo una y otra vez mientras esperaba los resultados en la oficina del doctor aquel día y algo maravilloso sucedió.

- Yo me sentía protegida cuando leía que aunque pase por el fuego no me quemaría.
- Yo me sentía confortada cuando leía que cuando pases por ríos de dificultad no te ahogaras.
- Yo sentí la paz al leer "no tengas miedo"
- Me sentí amada al leer que Dios estaría conmigo y que yo soy suya.

Alaben al Señor, porque me ha mostrado
las maravillas de su amor inagotable, me mantuvo
a salvo cuando atacaban mi ciudad.
Salmos 31:21 (NTV)

Al salir de la oficina del doctor aquel día, le di estos versos a otra mujer que estaba ansiosamente esperando los resultados de su examen. Al leer estos versos sus ojos se llenaron de lágrimas. Tal vez, ella también se sintió confortada y protegida por la Palabra de Dios.

- Cuando enfrentes tiempos de dificultad, Dios te protegerá y confortara bajo la sombre de sus alas.

- Cuando enfrentes dificultades corre a él.
- Cuando tengas temores ve a él.
- Cuando enfrentes problemas y tribulaciones corre a él.

Ahora que aprendiste tu sabes que el siempre estará contigo. Todo lo que tienes que hacer es extender tu mano y el te sostendrá.

El Señor es un refugio para los oprimidos un lugar seguro en tiempos difíciles. Los que conocen tu nombre confían en ti, porque tú, oh Señor, no abandonas a los que te buscan.
Salmos 9:9-10 (NTV)

Para Discusión o Reflexión Personal

1. ¿Cuándo tu experimentas problemas buscas inmediatamente a Dios por su ayuda?

2. ¿Cómo Dios te protegió o consoló en esos tiempos? Comparte una experiencia especial que tengas.

3. Lee Juan 16:33. ¿Cómo te sientes después de leer este versículo?

4. ¿Qué piensas que Jesús quiere que aprendas de este versículo?

Mi Oración para Hoy

Señor, Gracias te doy por protegerme. Gracias por tu refugio cuando la tormenta soplo en mi camino. Por favor ayúdame a recordar que en tiempos difíciles puedo llamarte y sentir tu apoyo. Gracias por ser mi refugio en todo tiempo.

Día Diecisiete:

※

YO SOY dice, "Tu eres Única."

...Pero única es mi paloma preciosa...
Cantares 6:9a (NVI)

¿Haz realizado que tú eres un diseño original y que no hay otra persona como tú en todo el mundo? Tú eres única en tu especie, una creación única de Dios. El ser única significa:

- Que tú eres una sola.
- Que no hay nadie igual a ti.
- No hay nadie que se compare a ti.

¿Has notado que a la sociedad de hoy no le gusta lo original? En realidad, hay un comercial donde están hombres y mujeres parados haciendo línea en una maquina transportadora cada uno es individual pero cuando salen de la maquina todos se ven iguales.

Ese comercial es una sátira de la expectativa cultural que dice en general, en vez de mantener tu originalidad, busca el parecerte a los demás. Por ejemplo, tú debes de seguir la moda tratando lo mejor que puedas "parecerte a los demás" para ser aceptada y complacer a la cultura. Tu tal vez has tratado de copiar modales y la manara de hablan de gente que tu admiras, porque nosotros queremos ser aceptados y aprobados. Cuando hacemos esto cambiamos nuestra originalidad para ser imitadores de alguien más. Si tú eres mayor puedes recordar que en los años 60s durante el tiempo de los "Hippies" la moda era que "no seas conformista". En su fanatismo de no conformarse, terminaron pareciéndose unos a otros. Tal vez nosotros ya no usemos pañuelos, lentes de la abuela, o pantalones de campana, pero muy poco cambio desde entonces. Nosotros seguimos tratando de encajar a la cultura.

El problema es simplemente—rechazo. Nadie quiere ser rechazado. Todos en un tiempo u otro hemos sentido el dolor de ser rechazados o excluidos. En la escuela de secundario era el grupo popular aun en las iglesias y negocios hay gente que se considera los "Populares." Para evitar el rechazo, cambias y ajustas tu apariencia así también tus pensamientos.

¿Qué Piensas Tu?

¿Tu tienes la tentación de cambiar o estas confortable siendo original?

Sacando la Basura Afuera:

"Yo no estoy confortable."

Describe que te hace única.

¿Qué se siente destacarse en la multitud?

¿Por qué sería importante para Dios que te mantengas en ser única?

Remplazando la Basura con el Tesoro

Los sabios resplandecerán con el brillo de la bóveda celeste;
los que instruyen a las multitudes en el camino de la justicia
brillaran como las estrellas por toda la eternidad.
Daniel 12:3 (NVI)

Dios no te ha creado para que actúes como todo el mundo. El te ha creado para que seas diferente. Como una hija de Dios tienes que brillar. Si está bien ser diferente a otra gente. En la escritura dice que tú resplandeces como el brillo de las estrellas en el cielo. Una estrella es brillante, atrae tu atención. Alumbra en la obscuridad. Una parte del diseño de Dios para tu vida es que atraigas la atención de otros. Fuimos creadas para ser diferente.

De acuerdo a las Escrituras, Tu no perteneces a este mundo, (Juan 17:16) *Yo no soy de este mundo.* Entonces *No se amolden al mundo actual* (Romanos 12:2a NVI). Entonces este mundo no es tu hogar, no busques ser nada como lo que hay en este mundo. Tú debes ser apartado de este mundo. Tú has sido creada para no parecerte a nadie más. Dios tiene una manera única en la cual quiere que le representes. Dios quiere que con su amor y tú manera individual toques a la gente y la comunidad. Tu puedes alcanzar a la gente de una manera que nadie más lo puede hacer. Dios tiene planes para ti y eso incluye ser una creación unida de Dios.

¿Eso significa que siempre serás aceptada y aprobada? No, Tú serás rechazada por unos y aceptada por otros así como Jesús fue cuando él estuvo en esta tierra. Como conferencista y maestra, constantemente tengo la tentación de hacer ajustes. Alguna gente le gusta mi pasión y emoción por la Palabra de Dios, pero a otra gente francamente no le gusta. Gente me ha dicho, "I mi me gustaría que seas como fulano o fulana". La tentación es de copiar el modo de maestras populares como Beth Moore, Kay Arthur, o Joyce Meyer. Pero al convertirme en una imitadora de ellas, pierdo el regalo único que Dios me dio para comunicar. Me convertiría en una imitación barata sin impacto. En pocas palabras, mi estrella no sería brillante como Dios intento que sea.

¿Recuerdas el comercial que mencione antes? Termina con dos personas que saltan de la máquina de transportación arriesgando todo por mantener su manera única de ser. ¿Tu estas dispuesta a saltar de la máquina de transportación para mantenerte en la persona que Dios creó y quiere que seas? ¿Estás dispuesta a recibir el rechazo de alguien, pero poder ser brillante delante de otros?

Para Discusión o Reflexión Personal

1. De acuerdo a Daniel 12:3, ¿Como el hombre y la mujer viven brillando resplandecientemente?

2. ¿Cómo te ayudo a brilla al ser única?

3. ¿Describe si en algún tiempo fuiste tentada a cambiar o imitar?

4. ¿Cómo te ayuda en la tentación de querer imitar ahora que entiendes que Dios te creo con el propósito de ser única?

Mi Oración para Hoy

Señor, Gracias que yo soy original, gracias por la manera que me diseñaste.

Día Dieciocho:

※

YO SOY dice, *"Tu eres Libre."*

Así que si el Hijo los libera, serán ustedes verdaderamente libres.
Juan 8:36 (NVI)

La Libertad, puede ser uno de los regalos más preciados que Dios ha dado a la humanidad. El tener libertad significa que somos libres del control de alguna persona o cosas. Aun que has sido redimida en ocasiones te encuentras que:

- Eres esclava de tu pasado – Tú sabes en tu mente que has sido perdonada pero no puedes perdonarte de tus errores pasados.

- Eres prisionera a tus malas decisiones – Tienes malos hábitos o patrones de mala conducta que se te hacen difíciles ser libres de ellos.

- Estas cautiva de las dolorosas palabras de otros – Tu permites que las palabras de otros definan tu identidad.

- Eres presa de tus mentiras- Tienes dificultad con amarguras, resentimientos, sientes que no tienes ningún valor.

- Estas controlada por las expectativas de otros – En vez de ser la persona que Dios quiere que seas. Eres la persona que la gente quiere que seas.

Estas situaciones hacen que sea dificultosa tu libertad. Previenen que vivas una vida en abundancia que está disponible en Cristo.

¿Qué Piensas Tu?

¿Hay algo que te controla?

Sacando la Basura Afuera:

"Yo estoy cautiva en mis pensamientos de la mentira que me dicen que no soy suficientemente buena."

Mirando la lista de arriba. ¿Puedes tu identificarte con alguno de esos puntos? ¿Con cuales?

¿Por qué es un problema para ti?

¿Puedes tu traer a tu mente alguna otra cosa que este perjudicando para que tengas libertad en tu vida? Si es así, escríbelo ahora.

¿Cómo sería tu vida diferente si tuvieras completa libertad?

Día Dieciocho: YO SOY dice, "Tu eres Libre."

Remplazando la Basura con el Tesoro

"El Espíritu del Señor esta sobre mí, por cuanto me
ha ungido para anunciar buenas nuevas a los pobres.
Me ha enviado a proclamar libertad a los cautivos y
dar vista a los ciegos, a poner en libertad a los oprimidos.
A pregonar el año del favor del Señor."
Lucas 4:18-19 (NVI)

La Libertad es como un viaje. Para lograrlo muchas veces tienes que caminar por el desierto. Cuando Dios libro a los Israelitas de su cautividad, cada vez que pasaban una dificultad ellos querían regresar a su cautividad. ¿Por qué? Porque era fácil para ellos volver a lo que ya conocían en vez de seguir adelante hacia la nueva vida. La libertad era mucho trabajo. Libertad para ellos significaba luchar contra el clima, ser perseguidos por el enemigo, y estar inconfortables. Pero Dios siempre estaba con ellos y los guiaba en su camino a la nueva vida.

La misma verdad es para ti. El camino de la cautivada a la libertad requiere mucho trabajo. Tú también, tendrás que pasar por el desierto dejando tu pasado, tus pensamientos, tus emociones, también tus temores, saliendo adelante hacia tu nueva vida de libertad. La solución es ir a la ofensiva y ser el que cautive y no el cautivado. La llave para la libertad de las mentira esta en 2 Corintios 10:5:

Destruimos argumentos y toda altivez que se levanta contra el
conocimiento de Dios, y llevamos cautivo todo pensamiento para
que se someta a Cristo. (NVI)

Necesitas llevar tus pensamientos a la cautividad, manteniéndolos en la verdad de La Palabra de Dios, y hacer que esos pensamientos obedezcan a Cristo. En otras palabras, Si tus pensamientos no están de acuerdo con la verdad fundada en las Escrituras, entonces están equivocadas. Tú puedes ser diferente y ser victoriosa.

Jesús vino a este mundo para libertar al cautivo En Cristo y mediante el estudio de las Escrituras tú puedes ser libre de toda culpabilidad, condenación, errores pasados y ser libre de tus propios hábitos y malas decisiones.

¡Eres más que un conquistador! Tú puedes caminar confidentemente con tu cabeza en alto porque tú eres hija del Rey. Cuando el enemigo te ataca diciéndote a tu oído y recordándote tus errores, levanta tu espada (La Palabra) y recuérdale al enemigo quien eres. Tú eres una criatura nacida de Dios, y heredera de Su Reino. ¡Tú eres libre!

Y conocerán la verdad, y la verdad los hará libres.
Juan 8:32 (NVI)

Para Discusión o Reflexión Personal

1. Lea Lucas 4:18-19 Escribe, ¿Qué vino hacer Jesús en esta tierra?

2. De acuerdo a Juan 8:32, ¿Qué debes saber para obtener la libertad?

3. ¿Cómo aprendes la verdad?

4. Desafío: ¿Qué pensamientos te mantienen cautiva? Este ejercicio te ayudara a identificar esos pensamientos que necesitas ponerlos en cautividad. Comienza con la oración. Pídele a Dios que te revele cualquier pensamiento que amenace tu libertad.

> *Examíname, oh Dios y conoce mi corazón; pruébame y conoce*
> *los pensamientos que me inquietan. Señálame cualquier cosa en*
> *mí que te ofenda y guíame por el camino de la vida eterna.*
> Salmos 139:23-24 (NTV)

a) En el formulario de abajo, haz una lista de los pensamientos que Dios traiga a tu mente.

b) Escribe, como te hacen sentir esos pensamientos.

c) Escribe que dice la Palabra de Dios acerca de esos pensamientos. Puedes usar la concordancia que está detrás de tu Biblia para que te ayude. La concordancia tiene una lista de palabras claves con sus versículos. Por Ejemplo, Si tú tienes dificultades para sentirte aceptada. Busca en tu concordancia los versículos con la palabra aceptación o aceptable. Ve ese versículo que contradice tus pensamientos.

d) En la última columna, describe como te hace sentir la verdad de Dios.

Pensamientos para ponerlos en cautividad	Como me hacen sentir estos pensamientos	La verdad de Dios que contradice esos pensamientos	Como me hace sentir la verdad de Dios

Mi Oración para Hoy

Gracias por mi libertad. Dios mío ayúdame a practicar llevando mis pensamientos a la cautividad y así yo pueda vivir libre.

DÍA DIECINUEVE:

※

YO SOY dice, "Tu eres cuidada."

El Señor esta cerca de los que tienen quebrantado el corazón;
el rescata a los de espíritu destrozado.
Salmos 34:18 (NTV)

Dios cuida de tus emociones personales. El está preocupado especialmente de sus hijos que tienen quebrantado el corazón, ¿Qué quiere decir tener un corazón quebrantado? Literalmente quiere decir que todo tu ser la fuente de tus sentimientos están hechos pedazos. Como resultado de esto lo que puede pasar es:

- Una relación quebrantada
- Palabras dolorosas
- Remordimiento
- Perdida

Una persona que es emocionalmente fuerte puede sobrellevar enfermedad y trauma. Pero si la persona esta quebrantada de su espíritu o tiene emociones dolorosas, entonces su vida es mucho más dificultoso (Proverbios 18:14). Tus emociones afectan el bienestar de todas las aéreas de tu vida. Por ejemplo, Es difícil concentrarse cuando estas triste y es difícil salir de la cama cuando estas deprimida.

Tal vez por eso Dios se inclina hacia nosotros cuando estamos lastimadas. La Escritura dice:

- El está cerca de los quebrantados de corazón. Salmos 34:18
- El está cerca con aquellos que tienen el Espíritu quebrantado. Salmos 34:18
- El los salva a los que están con el espíritu quebrantado. Salmos 34:18
- El envió a Jesús a consolar a los de corazón quebrantado. Isaías 61:1

Angustia y aflicción es una experiencia común en el ser humano. Tú no puedes evitarlo. En un tiempo u otro experimentaras el quebrantamiento de corazón y afectara tus emociones. Cuando esto pase hay dos errores que debemos de evitar: primero es, mantener esas emociones dentro de ti, y segunda cosa pensar que puedes soportar el dolor tú sola. No, tú no puedes. Por lo menos no podrás si quieres sacarte ese dolor y volver a vivir. Tú tienes que apoyarte en Dios. El promete consolarte como una madre consuela a su hijo. (Isaías 66:13). Dios envió a Jesucristo para consolarte y curar tus heridas. (Isaías 61). Recuerda Dios cuida de ti. Tus sentimientos le importan a él. El quiere consolarte y quiere curar tu corazón quebrantado.

¿Qué Piensas Tu?

¿Sabes tú que a Dios le importa tus sentimientos?

Sacando la Basura Afuera:

"A Dios no le importa que este dolida."

Como una madre consuela su hijo, así yo los consolare...
Isaías 66:13

Describe como Dios te muestra su preocupación por ti en este versículo.

¿Hay algún área en tu vida que necesitas pedirle a Dios que te toque con su sanidad?

Remplazando la Basura con el Tesoro

El sana a los de corazón quebrantado y les venda las heridas.
Salmos 147:3 (NTV)

¿Alguna vez te has preguntado si a Dios le importa o si él se da cuenta de lo que estas pasando? Cuando mi corazón estaba lastimado y dolido y mi mente estaba sufriendo los efectos de mi autoestima, cuando mis sentimientos que consumían con culpabilidad, vergüenza, Yo me preguntaba. ¿Dios se dará cuenta cuando la gente me llama inútil, que soy una derrotada o como los demás él piensa de mí como pensaría "un hermano"?

La verdad es, si a Él le importa y el tiene planes para curar tu corazón herido y hacerte libre de tu dolor. El Plan de Dios está demostrado por la vida de la mujer que fue conocida solamente como la mujer del flujo de sangre:

Después de que Jesús regreso en la barca al otro lado del lago,
se reunió alrededor de el una gran multitud, por lo que él se
quedo en la orilla. Llego entonces uno de los jefes de la sinagoga,
llamado Jairo. Al ver a Jesús, se arrojo a sus pies, suplicándole
con insistencia: Mi hijita se está muriendo. Ven y pon tus
manos sobre ella para que se sane y viva. Jesús se fue con él, y lo
seguía una gran multitud, la cual lo apretujaba. Había entre la
gente una mujer que hacia doce años padecía de hemorragias.
Había sufrido mucho a manos de varios médicos, y se había
gastado todo lo que tenia sin que le hubiera servido de nada,
pues en vez de mejorar, iba de mal en peor.
Marcos 5:21-26 (NVI)

Decir que la vida de esta mujer era dificultosa es poco. Su enfermedad era la causa de la hemorragia por doce años. Ella paso y sufrió por incontables tratamientos, gastando todo lo que tenía en curaciones medicas que nunca mejoraron su salud. Mas que la enfermedad era el dolor emocional que le causaba. De acuerdo con la ley Levítica que Dios le dio a Moisés, donde había reglas y regulaciones de cómo vivir había una regla que decía que la persona que tenia flujo de sangre tenía que ser separada de la sociedad porque eso le hacia una persona "impura." Todo lo que esta mujer tocaba o donde se sentaba o acostaba o cualquiera que la tocara también se hacía impura por un tiempo determinado (Levíticos 15:25-28). La gente que era impura por largo tiempo era rechazada por la sociedad.

Cuando la mujer salía en público tenía que gritar, "Impura, Impura! Así la gente no se acercaba a ella. ¿Te puedes imaginar como ella se sentía, año tras año por largos doce años, tener que llamarte impura donde quiera que fueras? Esta pobre mujer físicamente enferma tenia las cicatrices por años de soledad, tristeza e indudablemente encerrada en su autoestima. Te puedes imaginar su preocupación si alguien notaba o le importaba su sufrimiento. Justamente cuando parecía que toda su esperanza estaba perdida, ella oyó de un hombre llamado Jesús y formulo un plan desesperante.

Cuando oyó hablar de Jesús, se le acerco por detrás
entre la gente y le toco el manto. Pensaba:
"Si logro tocar siquiera su ropa, quedare sana."
Marcos 5:27-28 (NVI)

Con fe, esta mujer decidió arriesgarlo todo saliendo en público y tratando de tocar a Jesús. Gente impura en muchas ocasiones eran golpeadas si accidentalmente tocaban a alguien porque les hacia impuros. Si una persona impura tocaba a un rabí o maestro, y Jesús era un Rabí la penalidad podía ser la muerte. Esta mujer estaba tan desesperada que arriesgo su vida al tocar a Jesús.

Al instante ceso su hemorragia, y se dio cuenta de que su cuerpo
había quedado libre de esa aflicción. Al momento también Jesús
se dio cuenta de que dé él había salido poder, así que se volvió
hacia la gente y pregunto: ¿Quién me ha tocado la ropa? Ves
que te apretuja la gente le contestaron sus discípulos, y aun así
preguntas: "¿Quién me ha tocado?" Pero Jesús seguía mirando a
su alrededor para ver quien lo había hecho. La mujer, sabiendo
lo que le había sucedido, sea cerco temblando de miedo y,
arronjándose a sus pies, le confesó toda la verdad.
Marcos 5:29-33 (NVI)

En el mismo instante que ella toco el borde de su manto ella fue sanada. Jesús pregunto quién me toco, no porque él no supiera, pero quería que la mujer se acercara a él y le dijera lo que necesitaba. A los siguientes minutos imagínate la mujer arrojándose a sus pies y diciéndole la historia de su vida, la de su familia cuando ella no podía tocar a los doctores, su pobreza el dolor, la tormenta de sus emociones y los años que ella fue una mujer impura. Al tiempo que sacaba sus cargas ella permitió que todo el dolor de años saliera de su corazón. Jesús tomo en sus manos el rostro de ella y le hablo con palabras cariñosas y de consuelo que ella nunca había oído:

¡Hija, tu fe te ha sanado! Le dijo Jesús.
Vete en paz y queda sana de tu aflicción.
Marcos 5:34 (NVI)

Hija, finalmente ella tiene una identidad que ya no es "Mujer impura" Necesitas saber que en la Escritura, solamente a esta mujer Jesús le llamo *hija.* Jesús no solamente le sano su hemorragia pero le dio esperanza y nueva vida, al igual que una nueva identidad. El la libro de su enfermedad y del dolor emocional por ser impura.

Mi amiga, El quiere hacer lo mismo contigo. El quiere que tú toques el borde de su manto. El quiere que tú te postres a sus pies y le digas todo lo que necesitas. A él le importas tú así como le importo esta mujer. El tomara tu rostro en sus manos y te llamara *hija.*

Para Discusión o Reflexión Personal

1. ¿Cómo te ayudaría el contarle a Dios tus dolores emocionales?

2. Lee Marcos 5:34 ¿Qué emociones provoca este versículo en ti?

3. ¿Cuál desesperada era la situación de esta mujer antes de llegar a Jesús?

4. ¿Cómo piensas que Jesús hizo la diferencia en la vida de ella?

5. ¿Ahora que sabes que a Dios le importa tus propias emociones que diferencia hace en tu vida?

Mi Oración para Hoy

Padre, Estoy muy agradecida que a ti te importa mis emociones y mi buena salud. Gracias por llamarme *hija*.

DÍA VEINTE:

***

YO SOY dice, *"Tú eres buena."*

*Dios miró todo lo que había hecho,
y consideró que era muy bueno.*
Génesis 1:31a (NVI)

¿Alguien alguna vez te ha dicho algo como esto?

- ¡Nunca llegarás a nada!

- ¡Lo que hiciste fue una estupidez!

- ¡Eres un fracaso!

- ¡Eres fea!

Palos y piedras pueden romper nuestros huesos, pero las palabras son armas mortales. Muchas personas hoy en día han sido heridas por las palabras de los demás. La Escritura enseña que en *la lengua hay poder de vida y muerte* (Proverbios 18:21 NVI). Con la lengua se puede hablar palabras de vida que son alentadoras y edificar a los demás, o se puede hablar palabras de muerte que destruyen la confianza, pensamientos venenosos u otras que pueden herir profundamente. Los comentarios negativos pueden derribarte llevándote a cuestionar o dudar tu valor.

Hubo un tiempo en mi vida, donde las palabras venenosas me afectaron negativamente. Las "chicas malas" se burlaban de mi ropa y me decían que era fea. Las burlas sin descanso en la escuela por los chicos derribaron mi confianza. Por último, una persona de influencia a la que amaba en broma me dijo que yo no era ni inteligente ni hermosa. Las palabras de esa persona se convirtieron en mi verdad, dañaron mi autoestima, y afectaron mis acciones y comportamiento.

¿Qué Piensas Tu?

¿Cómo las palabras de otras personas han afectado tu autoestima o confianza?

Sacando la Basura Afuera:

"Alguien me dijo que yo era un fracaso y yo les creí."

¿Has sido herida por las palabras de alguien? ¿Qué te dijeron?

¿Porque les creíste?

¿En qué y cómo te afecto, esas palabras que te dijeron, como te hicieron sentir o pensar de ti misma?

¿Cómo podría ayudarte al creer en la Palabra de Dios acerca de su identidad para superar las palabras hirientes de los demás?

Remplazando la Basura con el Tesoro

Todo lo que Dios ha creado es bueno...
1 Timoteo 4:4a (NVI)

Leer la Escritura anterior de nuevo. Todo-No algunas cosas, pero todo lo que Dios creó es bueno. Eso te incluye a ti. Isaías 64:8 dice que eres la obra de su mano. Dios te creó, por lo que significa que eres buena y agradable delante de él. Sí, las palabras pueden ser hirientes, pero, francamente, la gente que es malvada o te pone abajo, lo hacen por sus propias razones egoístas. Una lengua venenosa a menudo nace de un corazón inseguro que necesita derribar a otros para sentirse mejor.

Las palabras han sido un problema desde que Dios le dio al hombre la capacidad de hablar. Incluso el rey David, un hombre conforme al corazón de Dios, experimentó el aguijón de las palabras poco amables. Pidió a Dios por ayuda diciendo:

Oh Señor, líbrame de los impíos; protégeme de los violentos, de los que urden en su corazón planes malvados y todos los días fomentan la guerra. Afilan su lengua cual lengua de serpiente; ¡veneno de víbora hay en sus labios!
Salmos 140:1-3 (NVI)

Con la boca a una persona puede despertar la guerra en una familia o entre amigos. La lengua puede ser tan peligrosa como la mordedura de una serpiente y tan venenosa como una víbora. Las personas que son descuidadas, celosas, inseguras, insensibles o simplemente malas utilizarán sus palabras para herir. En lugar de permitir que las palabras penetren en tu corazón, voltea a Dios en busca de ayuda. Dios te ha equipado para resistir los ataques de la lengua.

Efesios 6:16-17 *Además de todo esto, tomen el escudo de la fe, con el cual pueden apagar todas las flechas encendidas del maligno. Tomen el casco de la salvación y la espada del Espíritu, que es la palabra de Dios* (NVI). En otras palabras, protege tu mente con fe, con la Palabra de Dios que dice acerca de ti y serás capaz de apagar el fuego de palabras que tienen la intención de quemarte. Usa el casco de la salvación, algo que te identifique como una hija de Dios, y usando tu espada, la Palabra de Dios, te defenderá.

No importa lo que digan los demás, Dios te creó y él piensa que eres genial, a la manera que él te hizo. Él te diseño y te formó. Todo en ti es divinamente inspirado. Ten la seguridad de que el Señor Dios, que creó el universo y todo en él, ¡no hace basura! No dejes que las inseguridades, críticas, la naturaleza, o los celos de otras personas te roben la verdad de Dios. Medita en lo que Dios dice de ti. Deja que su Palabra sea la que te identifique.

> *Al amparo de tu presencia los proteges de las intrigas humanas;*
> *en tu morada los resguardas de las lenguas contenciosas.*
> Salmos 31:20 (NVI)

Para Discusión o Reflexión Personal

1. Lee Génesis 1:31. Describe lo que significa este versículo en tus propias palabras.

2.   Siendo que has sido creada por Dios, ¿qué influencia deberían tener las palabras de los demás en tu vida? Explica tu respuesta.

3.   Lee Salmo 31:20. Reflexiona cómo Dios puede refugiarte de las palabras dañinas.

Mi Oración para Hoy

Dios mío, protégeme de las palabras poco amables y críticas de los demás. Enséñame a comparar todo lo dicho sobre mí con tu verdad. Enséñame a creer solo lo que Tú dices de mí.

Día Veintiuno:

--- ❧ ---

YO SOY dice, *"Eres una creación nueva."*

Por lo tanto, si alguno está en Cristo, es una nueva creación.
¡Lo viejo ha pasado, ha llegado ya lo nuevo!
2 Corintios 5:17 (NVI)

Cuando piensas en los acontecimientos de tu pasado, te quedas pensando alguna vez:

- "¡No puedo creer lo que lo hice!"
- "¡Esa no era yo!"
- "¡Yo no ni sé quién era esa persona!"

Durante mi juventud, yo era rebelde y malcriada, por no decir algo peor. Pensé que era importante vivir la vida a mi manera. Mi camino fue siempre de la manera difícil, ya que me causó angustia y dolor. ¿Te suena familiar? Me refiero a ese tiempo en mi vida como el tiempo que pasé dando vueltas por el desagüe. Me gustaba tomar decisiones que me hacían sentir mal conmigo misma. Luego, para aliviar el dolor de esa metida de pata, me gustaba hacer otra cosa que pensaba me haría sentir mejor, sólo para descubrir que me hacía sentir peor que el último error. Tú entiendes.

Cuando rodeas el desagüe sucede que haces una mala decisión tras otra viajando en espiral hacia abajo en un ciclo de culpabilidad, dolor y frustración. Te sientes atrapada por tus opciones, vacía e insatisfecha.

Cuando te conviertes en una cristiana, eres perdonada, pero todavía puedes sentir la culpabilidad y la condenación de tus errores pasados. Esto puede llegar a causar que dudes de tu utilidad en el Reino de Dios. Una mujer quería servir a Dios y a su iglesia, pero cada vez que salía en la fe, escuchaba estas palabras susurrándole a su oído:

- ¿Quién te crees que eres?
- ¿Qué te hace pensar que Dios quiera usarte a ti?
- ¿No recuerdas todos esos errores que cometiste?

En lugar de dar un paso de fe hacia adelante, esta mujer, que tenía mucho que ofrecer, daba un paso atrás, creyendo que ella no era lo suficientemente buena para servir a Dios a causa de su pasado.

¿Qué Piensas Tu?

¡Luchas por tus errores? ¡Sientes culpa o vergüenza acerca de su pasado?

Sacando la Basura Afuera:

"La Biblia dice que soy perdonado, pero YO no puedo perdonarme a mí misma."

¿Cómo te sientes acerca de tu pasado?

¿Has sido capaz de perdonarte a ti misma por sus errores? ¿Por qué o por qué no?

Remplazando la Basura con el Tesoro

...que en cuanto a la anterior manera de vivir, ustedes se despojen del viejo hombre, que se corrompe según los deseos engañosos y que sean renovados en el espíritu de su mente, y se vistan del nuevo hombre, el cual, en la semejanza de Dios, ha sido creado en la justicia y santidad de la verdad.
Efesios 4:22-24 (NBLH)

Así te des cuenta o no, en el momento que diste tu vida a Cristo, volviste a nacer. La persona que solías ser se ha ido para siempre. Eres una persona completamente nueva. Un maravilloso ejemplo de lo que significa ser una nueva creación en Cristo es un hombre llamado Saulo de Tarso. Es posible que lo conozcas como el apóstol Pablo. Saúl se describió como un fariseo entre fariseos. A causa de su celo por la ley, persiguió y asesinó a los seguidores de Cristo. Fue temido y odiado entre los judíos. Una tarde en el camino a Damasco en su misión de perseguir más cristianos, Saulo tuvo un encuentro con Jesucristo que cambió su vida.

Saulo se convirtió en Pablo. El perseguidor se convirtió en el predicador. Su antigua vida se convirtió en un testimonio del poder transformador de una relación con Jesús.

Ustedes ya están enterados de mi conducta cuando pertenecía al judaísmo, de la furia con que perseguía a la iglesia de Dios, tratando de destruirla. En la práctica del judaísmo, yo aventajaba a muchos de mis contemporáneos en mi celo exagerado por las tradiciones de mis antepasados.

> *Sin embargo, Dios me había apartado desde el vientre de mi*
> *madre y me llamó por su gracia. Cuando él tuvo*
> *a bien revelarme a su Hijo para que yo lo predicara*
> *entre los gentiles, no consulté con nadie...*
>
> Gálatas 1:13-16 (NVI)

Pablo nunca perdió de vista el hecho de que Cristo lo había salvado, para que la gracia de Dios pudiera ser revelada a través de él. La gracia de Dios dice que no importa lo que has hecho, la redención es más grande. A pesar de lo que has hecho, Dios puede usarte. En Cristo, lo viejo se vuelve nuevo. Lo que hizo el ministerio de Pablo era tan poderoso que Pablo vivió con una actitud de gratitud.

> *Doy gracias al que me fortalece, Cristo Jesús nuestro Señor,*
> *pues me consideró digno de confianza al ponerme a su servicio.*
> *Anteriormente, yo era un blasfemo, un perseguidor y un*
> *insolente; pero Dios tuvo misericordia de mí porque yo era un*
> *incrédulo y actuaba con ignorancia. Pero la gracia de nuestro*
> *Señor se derramó sobre mí con abundancia, junto con la fe y el*
> *amor que hay en Cristo Jesús. Este mensaje es digno de crédito*
> *y merece ser aceptado por todos: que Cristo Jesús vino al mundo*
> *a salvar a los pecadores, de los cuales yo soy el primero. Pero*
> *precisamente por eso Dios fue misericordioso conmigo, a fin de*
> *que en mí, el peor de los pecadores, pudiera Cristo Jesús mostrar*
> *su infinita bondad. Así vengo a ser ejemplo para los que,*
> *creyendo en él, recibirán la vida eterna.*
>
> 1 Timoteo 1:12-16 (NVI)

Jesús lo llamó, lo transformó, y lo usó. Pablo se sentía indigno, Jesús lo escogió de todos modos. El mensaje de Pablo se convirtió entonces en "Yo no merezco ser usado por Dios, sino porque confié en Cristo, soy una persona diferente." Su pasado se convirtió en el combustible para su futuro. Pablo fue usado poderosamente por Dios para evangelizar a los gentiles, y escribir más de la mitad del Nuevo Testamento.

Mientras que tu historia podría no ser tan dramática como la de Pablo, no es menos importante. Eres diferente debido a la gracia que Dios te ha mostrado a través de tu fe en Cristo. Al igual que Pablo, fuiste elegida antes de que nacieras para ser una hija de Dios, como una parte de su plan, como revelación de su gracia. Tú podrías pensar que tu pasado te descalifica para el servicio del Reino. La vida de Pablo demuestra que no es así. Tanto tú, como Pablo, son una creación nueva. Tu pasado es ahora parte de tu futuro. Las experiencias que más te avergüenzan, ahora son las áreas de tu ministerio más grande por tu testimonio. Ellos revelan a Jesús en ti. Tu pasado ha sido redimido y tus experiencias pasadas y pecados permitirán relacionarte con personas que todavía están luchando en contra de lo que tú ya has sido liberada. Eres una creación nueva que puede ofrecer una mano de ayuda y comprensión a los que siguen atrapados en su antigua forma de vida. Posesiónate de tu nueva identidad, pero nunca pierdas de vista de la Antigua, porque Dios quiere usarte como un testimonio de su grandeza.

Para Discusión o Reflexión Personal

1. Mira hacia atrás por un momento en tu vida. ¿Puedes ver lo diferente que eres ahora que conoces a Jesús?

2. ¿Cómo puede usar la experiencia de tu vida pasada para promover la causa de Cristo? ¿Qué experiencias, errores o vergüenzas podrías usar para llegar a sus ovejas perdidas?

3. ¿Has escrito tu testimonio, la historia de cómo llegaste a conocer a Cristo? Si no es así, escríbelo ahora.

   - ¿Como era tu vida antes de Cristo?

   - ¿Cómo empezó tu relación con Jesús?

   - ¿Cómo ha cambiado tu vida ahora que conoces a Jesús?

   - ¿Con quién puedes compartir tu historia?

Mi Oración para Hoy

Gracias porque soy una creación nueva. Gracias por usarme como un ejemplo de tu gracia a todos aquellos que me rodean.

Día Veintidós:

❧

YO SOY dice, "Tú eres perdonada."

Vengan, pongamos las cosas en claro, dice el Señor ¿Son sus
pecados como escarlata? ¡Quedarán blancos como la nieve! ¿Son
rojos como la púrpura? ¡Quedarán como la lana!
Isaías 1:18 (NVI)

¿Alguna vez has visto la nieve? Si vives en el sur de California, como yo, es un espectáculo poco común. La nieve es blanca y resplandeciente que con el reflejo del sol brilla como si tuviera pequeños diamantes. Es increíblemente hermoso. Es tan brillante que puede lastimar tus ojos cuando miras directamente su reflejo. Por la noche, incluso con sólo la tenue luz de la luna, la nieve brilla todavía. Es verdaderamente fascinante.

En Isaías, Dios invitó a sus hijos pecadores a venir a él. Al hacerlo, sus almas manchadas de escarlata se limpiaron y quedaron más blancas que la nieve. Él prometió que iba a perdonarles y a remover todos sus pecados, y que los haría brillar como la nieve, o blanco como la lana.

No importa lo que hayas hecho en tu vida, no importa cuán grande fue el error, la gracia de Dios es más grande.

El problema no es si Dios nos perdona, porque la Escritura nos dice que si él lo hace. El problema es nuestra propia duda.

- ¿Tu Dudas. Y te preguntas: "Dios, puede realmente perdonarme por _____?"
- En lugar de recibir el regalo del perdón, juzgas tus propios pecados y luego te declaras culpable por los pecados que Cristo ya pagó por ti en la Cruz.

Hay mujeres que han compartido conmigo que no pueden creer que Dios les perdone por su aborto. Hay mujeres que cayeron en el adulterio, que abusaron de las drogas, que estaban confundidas, y que todavía no se pueden perdonar a sí mismas. La lista es larga, pero la experiencia de no poder creer y recibir el perdón es un problema universal.

¿Qué Piensas Tu?

¿Luchas para creer que Dios ha perdonado todos tus pecados?

Sacando la Basura Afuera:

"Me cuesta creer y recibir el perdón de Dios por la infidelidad que tenía, las mentiras que dije, el chisme que extendí y mi adicción a las compras."

¿Qué significa para ti ser perdonada?

¿Qué significa para ti ser perdonada?

Toma unos minutos para orar. Pídele a Dios para que te muestre cualquier área de tu vida en la que estés luchando para aceptar su perdón. Anota todo lo que El trae a tu mente.

Lee Isaías 1:18. ¿Qué dice Dios acerca de nuestros pecados?

¿Hay algún pecado mencionado en Isaías 1:18 que Dios dice que no lo pueda volver más blanco que la nieve o como la lana? ¿Qué significa eso para ti?

Remplazando la Basura con el Tesoro

El ha disipado tus transgresiones como el rocío,
y tus pecados como la bruma de la mañana.
"Vuelve a mí, que te he redimido."
Isaías 44:22 (NVI)

En Isaías 44:22 Dios nos pinta dos escenarios que describe lo que él hace con tus pecados. Primero, dice que Dios ha borrado tus ofensas del camino (o nuestras transgresiones que son nuestras ofensas) como el roció. Como una nube en el cielo que está en un minuto y al siguiente minuto desaparece. Segundo, Dios dice que ha disipado tus delitos como la bruma de la mañana. ¿Qué sucede con la bruma? A medida que el sol sale, se seca y no hay ninguna evidencia de que alguna vez estuvo allí. Dios promete que cuando confesamos nuestro pecados y nos apartamos de nuestros antiguos caminos, nuestros pecados desaparecen igual que la nube y la niebla. Aprender a creer y recibir esta verdad es muy importante, porque si no lo hacemos seremos incapaces de seguir adelante con Dios. ¿Te acuerdas de la historia de la esposa de Lot?

Lot, el sobrino de Abraham, vivió en Gomorra. La ciudad era un lugar de maldad inenarrable que entristeció a Dios. Los hombres que vivían allí eran extremadamente malos y pecaron contra Dios. Así que Dios decidió destruir la ciudad. Sin embargo, Dios prometió a Abraham que iba a salvar a los justos que vivían allí. El lo hizo al ofrecer a Lot, a su esposa y sus dos hijas una vía de escape de la destrucción. Los ángeles que vinieron a llevar a cabo el juicio de Dios sobre la ciudad dijeron esto a la familia de Lot:

> *Cuando ya los habían sacado de la ciudad, uno de los ángeles le dijo: – ¡Escápate! No mires hacia atrás, ni te detengas en ninguna parte del valle. Huye hacia las montañas, no sea que perezcas. ...Entonces el Señor hizo que cayera del cielo una lluvia de fuego y azufre sobre Sodoma y Gomorra. Así destruyó a esas ciudades y a todos sus habitantes, junto con toda la llanura y la vegetación del suelo. Pero la esposa de Lot miró hacia atrás, y se quedó convertida en estatua de sal.*
> Génesis 19:17 (NVI)

Dios proveyó un camino para que fueran salvados. Pero la mujer de Lot, tal vez por remordimiento, miró hacia atrás y se convirtió instantáneamente en una estatua de sal. Ella se congeló para siempre atrapada en el tiempo de su pasado y su futuro. Debido a que ella miraba hacia atrás nunca fue capaz de adoptar la vida nueva que Dios tenía para ella. La lección de la vida de la esposa de Lot es "no mires atrás" Recibe la nueva vida que Dios tiene reservada para ti.

Recibe el perdón de Dios mediante la práctica de los pasos siguientes:

1. Para superar los sentimientos de condenación y culpa repite en voz alta Romanos 8:01:

> *Por lo tanto, ya no hay ninguna condenación*
> *para los que están unidos a Cristo Jesús.*
> Romanos 8:1 (NVI)

2. Cree que Jesús te ha declarado no culpable. No es su voz la que te está acusando de algo por lo que ya te ha perdonado. ¿Recuerdas a la mujer sorprendida en adulterio? El fariseo, la arrastró delante de Jesús con la intención de que la apedrearan. Jesús les dijo que quien estuviera sin pecado alguno podría tirar la primera piedra. Cuando todos los que estaban alrededor de ellos dejaron caer sus piedras y se fueron, Jesús dijo a la mujer:

> *Entonces él se incorporó y le preguntó: —Mujer, ¿dónde están?*
> *¿Ya nadie te condena? Nadie, Señor. Tampoco yo te condeno.*
> *Ahora vete, y no vuelvas a pecar.*
> Juan 8:10-11

3. No caigas en la trampa de pensar que tu pecado es tan malo que Dios no puede perdonarte. Cree que la gracia de Dios que es más grande. Lea Romanos 5:20b:

> *...Pero allí donde abundó el pecado, sobreabundó la gracia.*
> Romanos 5:20b (NVI)

4. Pídele a Dios en oración que te ayude a recibir el perdón que el ya te ha dado.

Padre:

Gracias por perdonarme de todos mis pecados y me declaro inocente. Ayúdame a vencer sentimientos de duda y condenación. Confieso que soy perdonada y libre en el nombre de Jesús. Yo Recibo tu perdón.

No nos castiga por todos nuestros pecados; no nos trata
con la severidad que merecemos. Pues su amor inagotable
hacia los que le temen es tan inmenso como la altura
de los cielos sobre la tierra. Llevo nuestros pecados
tan lejos de nosotros como está el oriente del occidente.
Salmos 103:10-12 (NTV)

Para Discusión o Reflexión Personal

1. Lee Juan 8:11. ¿Qué emociones despierta Jesús con su respuesta cuando te llama?

2. En Romanos 8:01 aprendemos que no hay condenación en Jesús. ¿Entonces de dónde viene la condenación?

3. ¿Qué aprendiste de la mujer de Lot acerca de las consecuencias de mirar hacia atrás?

4. ¿Qué te enseña Salmo 103:10-12 e Isaías 44:2 acerca del carácter de Dios?

Mi Oración para Hoy

Señor, gracias por perdonarme. Gracias por darme una vida nueva contigo. Ayúdame a perdonarme a mí misma.

Día Veintitrés:

❧

YO SOY dice, "Tu eres una obra que está en Proceso."

Estoy convencido de esto: el que comenzó tan buena obra en ustedes la ira perfeccionando hasta el día de Cristo Jesús.

Filipenses 1:6 (NVI)

El crecimiento espiritual es un proceso individual de transformación controlado por Dios. El momento que te haces un creyente tu eres nacido de nuevo y eres llamado una creación nueva. Luego tú empiezas a crecer y ser transformada para ser como Cristo. ¿Cómo te sientes en tu crecimiento como una cristiana? ¿Crees que tu deberías crecer más rápido de lo estas creciendo? ¿Te sientes frustrada cuando continuas luchando con tus errores y pecados?

Toma en cuenta. Un niño cuando está aprendiendo a caminar se caerá muchas veces, sufrirá golpes, moretones es parte del aprendizaje antes que pueda afirmar sus pasos. Esta verdad es también para ti. Crecer en Cristo toma tiempo. En el proceso de tú caminar, tropezaras y caerás. El caerse no es el problema, es como reaccionas de tu caída. Algunas personas se desaniman, se enojan, y sienten que ya no quieren seguir.

El ser un seguidor de Cristo no quiere decir que nunca harás errores. Antes bien, quiere decir que tú eres perdonada por esos errores. Si, puede ser desagradable seguir luchando con los pecados cuando tú amas a Jesús con todo tu corazón. Recuerda que gente con mucha fe y gente que Dios uso en la Biblia para que cumplieran grandes propósitos, también hicieron errores. Gente como:

- El Rey David, un hombre conforme al corazón de Dios, quien cometió adulterio y asesino a un hombre para ocultar su pecado. (2 Samuel 11)
- Pedro, A quien Jesús le reprendió y le llamo Satanás, por tener cosas carnales en su mente en vez de las de Dios. (Mateo 16:23)
- Los once discípulos que abandonaron a Jesús la noche que lo arrestaron. (Mateo 26:56). A propósito, también Judas Iscariote uno de los doce discípulos, fue usado para el ultimo propósito de Dios.
- Pedro, quien creía que era lo suficientemente maduro en su espíritu para morir con Jesús, pero al contrario le negó tres veces. (Mateo 26:33-35)

Si tú tienes la tendencia a ser muy dura contigo mismo por tus errores, entonces tu jornada de crecimiento será descorazonador. Recuerda que el crecimiento toma tiempo. Dios conoce y entiende que tu también al igual que los niños que hablamos antes, se tropezaran y caerán en el proceso de su crecimiento. Si esto está BIEN con el entonces tú también debes de aprender que estará bien contigo.

¿Qué Piensas Tu?

¿Estas satisfecha o frustrada con tu crecimiento espiritual?

Sacando la Basura Afuera:

"Yo creo que debo ser perfecta. Yo creo que mi crecimiento es muy lento."

Describe como te sientes acerca de tu crecimiento espiritual.

¿Qué pasa cuando comparas tu madurez espiritual con la de otros alrededor de ti?

Remplazando la Basura con el Tesoro

No es que ya lo haya conseguido todo, o que ya sea perfecto. Sin embargo, sigo adelante esperando alcanzar aquello para lo cual Cristo Jesús me alcanzó a mí. Hermanos, no pienso que yo mismo lo haya logrado ya. Más bien, una cosa hago: olvidando lo que queda atrás y esforzándome por alcanzar lo que está delante, sigo avanzando hacia la meta para ganar el precio que Dios ofrece mediante su llamamiento celestial en Cristo Jesús.
Filipenses 3:12-14 (NVI)

De acuerdo al Aposto Pablo, el que escribió el libro de Filipenses, el crecimiento espiritual es un proceso. Comienza el momento que entramos en una relación con Cristo Jesús. Mientras nuestro crecimiento es multifacético, podemos dividirlo en tres ingredientes esenciales. Para el crecimiento se requiere un compromiso para leer la Palabra de Dios, permitir que renueve tu mente, y luego aplicarlo en tu vida. Para Crece:

- **Leer La Palabra** — ¿Por qué necesitas leer la Palabra? La Biblia revela quien es Dios, quien tú eres en El y como espera que vivas. Cada versículo de la Biblia es valioso. En el libro de 2 Timoteo, aprendemos cuán importante es para nuestras vidas la Palabra de Dios.

Toda la Escritura es inspirada por Dios y útil para ensenar,
para reprender, para corregir y para instruir en la justicia,
a fin de que el siervo de Dios este enteramente
capacitado para toda buena obra.
2 Timoteo 3:16-17 (NVI)

- **Deja que la Palabra transforme tu mente** — A medida que leas la Palabra notaras que renovara tu mente y tu actitud. Corrige nuestros pensamientos equivocados y nos enseña lo que es correcto.

No se amolden al mundo actual, sino sean transformados
mediante la renovación de su mente. Así podrán comprobar
cuál es la voluntad de Dios, buena, agradable y perfecta.
Romanos 12:2 (NVI)

- **Aplica la Palabra** — El crecimiento ocurre cuando vivimos en obediencia lo que aprendemos. La verdad es, que aplicando la Palabra de Dios te dará victoria sobre lo carnal en tu vida. Pero recuerda, Que la obediencia siempre será dificultoso porque los deseos carnales son una tentación. Gloria a Dios por el crecimiento que ya estamos experimentando. Una gran medida de crecimiento es la presencia del fruto del Espíritu en nuestras vidas.

En cambio, el fruto del Espíritu es amor, alegría,
paz, paciencia, amabilidad, bondad, fidelidad, humildad y
dominio propio. No hay ley que condene estas cosas.
Gálatas 5:22-23 (NVI)

A medida que crezcas en El, Tú notaras que estas cualidades aumentaran el crecimiento en tu vida. Celebra las victorias y aprende de los errores.

No pierdas la fe en ti mismo cuando tropieces y caigas. Antes bien, pregúntale a Dios que quiere que aprendas de tus errores y recuerda la lección. Recuerda que el crecimiento Espiritual es un proceso, no es tu destino. En este lado del cielo siempre estaremos creciendo. Nunca olvides que tú eres en Cristo una obra que está en proceso. Confía que Dios será fiel para completar la buena obra que empezó en ti.

Para Discusión o Reflexión Personal

1. Lee Filipenses 3:12-14 ¿Qué dice Pablo acerca del crecimiento?

2. ¿Cómo te conforta este versículo a medida que creces?

3. Gálatas 5:22-23 Describe el fruto del Espíritu. ¿En cuál de estas cualidades has notado crecimiento en tu vida?

4. De acuerdo a la Escritura incluida en esta lección, ¿cuál es tu responsabilidad en tu crecimiento?

5.   Reto: Por la siguiente semana escribe como pondrás en práctica los versículos que Dios instruye y que durante tu estudio llame tu atención.

Mi Oración para Hoy

Señor, Yo quiero crecer y llegar a ser mas y mas como tu Hijo. Enséñame a ser paciente durante este proceso. Yo me comprometo a leer la Escritura, dejando que renueve mi mente, y apriscándola. ¡Yo Te Amo Jesús!

Día Veinticuatro:

❧

YO SOY dice, *"Tu eres más que una vencedora."*

¿Quién nos apartará del amor de Cristo? ¿La tribulación,
o la angustia, la persecución, el hambre, la indigencia, el peligro,
o la violencia? Así está escrito: Por tu causa siempre nos llevan a
la muerte; y nos tratan como a ovejas para el matadero!»
Sin embargo, en todo esto somos más que vencedores
por medio de aquel que nos amó
Romanos 8:35-37 (NVI)

Los problemas, el fracaso, la angustia, la persecución, las dificultades y el peligro son experiencias comunes que puedes esperar tener en la tierra. Sin embargo, la forma en cómo manejes estas experiencias es muy importante. Cuando aprendes a superar la adversidad en la vida, eres lo que la Biblia llama una conquistadora. De manera contraria, al decidir quedarte como invitada de honor en tu propio mundo de auto compasión y lastima, a si mismo te vuelves víctima de tu propia mente.

Una víctima siente que la vida no la ha tratado de manera justa. Se siente como si todo el mundo estuviera en contra ella. Usualmente las victimas ven los problemas que ocurren en la vida como castigo. Una persona con mentalidad de victima rara vez toma responsabilidad de sus propios sentimientos, fracasos, comportamientos o acciones. Las víctimas dicen cosas como:

- Es culpa de mis padres.
- Nadie me quiere, todo el mundo me odia.
- Mi jefe nunca me aprecia.
- Mi familia me trata como esclava.

Sí, cosas malas le suceden a gente buena y la vida es injusta. Vivimos detrás de las líneas enemigas. La vida no será confortable ni fácil. Cuenta con esas dificultad . A veces tendrás toda la razón del mundo para sentir lástima por ti misma. Pero no cedas a la tentación de quedarte en este lugar. Las víctimas se vuelven adictas a la atención que reciben debido a sus sufrimientos. Les encanta que la gente les escuche, les gusta la atención y recibir consuelo (lastima) de las personas que escuchan. La víctima se vuelve tan envuelta en sí misma que sólo habla de ella. Cuando los amigos y familiares entienden esto, comienzan a distanciarse de la víctima. Con el tiempo, las víctimas se convierten en gente amargada que no son de utilidad para sus familias, amigos o ellos mismos.

¿Qué Piensas Tu?

Cuando te enfrentas a problemas o tragedias ¿cómo respondes? ¿Sientes la tentación de permanecer más tiempo en autocompasión del que debieras?

Sacando la Basura Afuera:

¿Cómo puedo saber si tengo una mentalidad de victima?

¿Te enfocas solamente en tus culpas?

¿Guardas rencores?

¿El fracaso te impide intentarlo de nuevo?

¿Haces excusas por tus circunstancias, comportamientos o actitudes?

¿Te enfocas en lo que no tienes?

¿Luchas para tomar responsabilidad de tus acciones, comportamientos o hábitos?

¿Culpas a los demás?

Si contestaste "sí" a dos o más de estas preguntas, es posible que tengas una mentalidad de víctima.

¿Cómo manejas los problemas de la vida?

Remplazando la Basura con el Tesoro

Yo les he dicho estas cosas para que en mí hallen paz.
En este mundo afrontarán aflicciones, pero ¡anímense!
Yo he vencido al mundo.
Juan 16:33 (NVI)

En Cristo, la víctima se convierte en vencedora. Jesús dijo que en él podemos tener paz en medio de la tribulación y ser victoriosos porque él ha vencido al mundo. ¿Cómo? Juan 5:2-15 tiene la respuesta:

Había allí, junto a la puerta de las ovejas, un estanque rodeado
de cinco pórticos, cuyo nombre en arameo es Betzatá.
En esos pórticos se hallaban tendidos muchos enfermos, ciegos,
cojos y paralíticos. Entre ellos se encontraba un hombre
inválido que llevaba enfermo treinta y ocho años.
Juan 5:2-5 (NVI)

Imagínate la escena. Los enfermos vienen a la piscina durante ciertas épocas del año en espera de un ángel para agitar el agua porque la gente creía que el primero de ellos en la piscina seria sanado. Un hombre que había estado enfermo durante treinta y ocho años, estaba allí.

Cuando Jesús lo vio allí, tirado en el suelo, y se enteró
de que ya tenía mucho tiempo de estar así, le preguntó:–
¿Quieres quedar sano?–Señor —respondió–, no tengo a nadie que
me meta en el estanque mientras se agita el agua,
y cuando trato de hacerlo, otro se mete antes."
Juan 5:6-7 (NVI)

Jesús le preguntó al hombre una simple pregunta: ¿deseas ser sanado? La pregunta debería haber causado que el hombre concentrara su atención en Jesús. Jesús quería saber si él estaba contento con su condición o si deseaba mejorar. En otras palabras, Jesús quería que él tomara una decisión.

El primer paso para superar la mentalidad de víctima es tomar una decisión. El hombre contesto, diciendo a Jesús que había llegado hasta la piscina para la curación, pero no tenía a nadie que le ayudara a entrar y todos los demás le golpearon. ¿Te suena como actitud de víctima? Si no estás segura, pregúntate lo siguiente: "¿Cómo llegó a la piscina en primer lugar?" Si él fue capaz de llegar a la piscina, ¿por qué no pudo conseguir entrar en ella?

> *Levántate, recoge tu camilla y anda —le contestó Jesús.*
> *Al instante aquel hombre quedó sano, así que tomó*
> *su camilla y echó a andar...*
> Juan 5:8-9 (NVI)

El segundo paso es tomar alguna acción. Si deseas estar sano, entonces toma tu camilla y anda.

> *Al instante aquel hombre quedó sano, así que tomó su camilla*
> *y echó a andar. Pero ese día era sábado. Por eso los judíos le*
> *dijeron al que había sido sanado:—Hoy es sábado; no te está*
> *permitido cargar tu camilla. —El que me sanó me dijo: "Recoge*
> *tu camilla y anda" —les respondió.—¿Quién es ese hombre que*
> *te dijo: "Recógela y anda"? —le interpelaron. El que había*
> *sido sanado no tenía idea de quién era, porque Jesús se había*
> *escabullido entre la mucha gente que había en el lugar.*
> Juan 5:9-13 (NVI)

El tercer paso es dejar de culpar. Jesús le preguntó si quería ser curado, y si era así, todo lo que tenía que hacer es recoger su camilla. En otras palabras, el hombre tenía que tomar una decisión para recibir su sanidad. Fue su elección. En lugar de culpar su pecado a Jesús, el hombre debería haber asumido la responsabilidad de sus

propias acciones. Al final, hubiera dicho: "Yo quería la curación así
que me levanté, cogí mi camilla y me fui!"

*Después de esto Jesús lo encontró en el templo y le dijo:—Mira,
ya has quedado sano. No vuelvas a pecar, no sea que te
ocurra algo peor. El hombre se fue e informó
a los judíos que Jesús era quien lo había sanado.*
Juan 5:14-15(NVI)

El cuarto paso es no volver a caer en los viejos hábitos. El
hombre culpó a Jesús por el hecho de que tenía que llevar la camilla.
Jesús le dijo que dejara de culpar. En otras palabras, deja de repetir el
mismo comportamiento. Recuerda, la mentalidad de víctima tiene
consecuencias que afectan tu vida y las vidas de quienes te rodean
llevándote al aislamiento y a la ira.

Aquí están los cuatro pasos para convertirse en un triunfador
en lugar de una víctima:

1. Decide curarte. Toma la decisión de que no importa
   lo que pase en tu vida no permitirás que te venza. Antes
   bien, opta por trabajar con Dios a través de las dificultades,
   tragedias, pruebas y problemas. Permite en ti misma el estar
   herida, llorar, el experimentar los sentimientos necesarios,
   pero determina que no vas a quedar paralizada por ellos.
   Continúa compartiendo tus sentimientos con Dios. Él te
   ayudará con el proceso de curación.

2. Toma acción. Haz un compromiso para cambiar. Enfócate
   en aprender acerca de tu identidad en Cristo. Lee la Palabra
   y deja que te renueve tu mente y fortalezca tu confianza.
   Deja que la carta de amor de Dios, la Biblia, te de una nueva
   perspectiva de tus circunstancias. Isaías 40:31 dice:

*Pero los que confían en el Señor renovarán sus fuerzas;
volarán como las águilas: correrán y no se fatigarán,
caminarán y no se cansarán.*
Isaías 40:31 (NVI)

Cuando las águilas mudan sus plumas su fuerza se renueva. Pueden volar más y más alto. Cuanto más alto vuelan, mejor se puede ver la disposición de la tierra. Lo mismo es verdad para ti. Cuando esperas en el Señor mediante la lectura y la meditación de su Palabra tú también ganarás nuevas fuerzas para enfrentar cada día. Como el águila, ganarás una nueva perspectiva sobre la vida y sus circunstancias.

3. ¡Deja de culpar! En su lugar, asume la responsabilidad de tus propias acciones, comportamientos, actitudes y hábitos. Mientras que otras personas puedan afectar tu vida, tú eres la principal responsable de tus propias acciones. La mejor manera de llegar a ser victorioso es asumir la responsabilidad por ti misma.

4. No vuelvas a caer en tus viejos hábitos o costumbres. Tienes que estar constantemente en guardia. Busca una amiga de apoyo. Pídele a alguien de tu confianza que te ayude a señalar los comportamientos que te mantienen viviendo como una víctima. Por encima de todo, ora. Pidiendo fervientemente a Dios por su ayuda a reconocer en tu mente los hábitos y comportamientos que no se pueden ver, él lo hará. Prepárate.

¿Quién está consciente de sus propios errores? ¡Perdóname aquellos de los que no estoy consciente! Libra, además, a tu siervo de pecar a sabiendas; no permitas que tales pecados me dominen. Así estaré libre de culpa y de multiplicar mis pecados. Sean, pues, aceptables ante ti mis palabras y mis pensamientos, oh Señor, roca mía y redentor mío.
Salmos 19:12-14 (NVI)

Recuerda que Cristo ya te ha proporcionado la victoria. ¡Tú eres más que vencedora en él!

Para Discusión o Reflexión Personal

1. Lee Juan 5:1-15. ¿Qué crees que es la lección más importante de la historia de este hombre? Explica tu respuesta.

2. ¿Hay alguna situación en tu vida en donde estás luchando para vencer? ¿Cómo podría ayudarte a vencer la práctica de los cuatro pasos para la victoria en los sentimientos asociados con la experiencia?

3. Lee Romanos 8:35-37. Haz una lista de las experiencias que tendremos en esta tierra. En medio de estas circunstancias, ¿qué dice la Escritura que debemos esperar? ¿Cómo esto te anima hoy?

Mi Oración para Hoy

Gracias Señor que es mía la victoria. Me has hecho una conquistadora victoriosa en lugar de una víctima indefensa. Yo puedo ser fuerte en lo que soy en ti. Con tu ayuda, las situaciones no me abruman; me acercaran más a ti. Gracias porque puedo tener victoria en la vida a pesar de lo que pase, porque me amas.

...¡Pero gracias a Dios, que nos da la victoria por
medio de nuestro Señor Jesucristo! Por lo tanto,
mis queridos hermanos, manténganse firmes e inconmovibles,
progresando siempre en la obra del Señor,
conscientes de que su trabajo en el Señor no es en vano.
1 Corintios 15:57-58 (NVI)

Día Veinticinco:

❧

YO SOY dice, "Tu eres atesorada."

Porque para el Señor tu Dios tú eres un pueblo santo;
él te eligió para que fueras su posesión exclusiva
entre todos los pueblos de la tierra.
Deuteronomio 7:6 (NVI)

¿Sabías que tu ya fuiste elegida para ser atesorada por Dios? ser atesorada significa tener un gran valor. Esto significa que tienes un único valor estimado y precioso.

Una persona atesorada es una persona especial que se distingue de otros a su alrededor. La pregunta es, ¿sabes lo especial y el tesoro que eres?

Tal vez tú no te sientes apreciada porque la gente a tu alrededor han pasado tiempo enfocándose en tus defectos, fallas o debilidades.

En lugar de sentirte atesorada te sientes:

- Con falta de valor e ignorada
- No deseada
- No necesitada
- Sin apreciación

Cuando te sientes de esta manera es fácil verte a tí misma como ordinaria, promedio, o sin cualidades que te hagan destacar o brillar en el mundo.

¿Qué Piensas Tu?

¿Te sientes ignorada, sin ser valorada, no deseada, no necesitada o poco apreciada?

Sacando la Basura Afuera:

"Me cuesta sentirme valorada porque la gente que mas aprecio me hace sentir subestimada e ignorada."

¿Describe un momento en tu vida cuando te sentiste atesorada o valorada?

¿Te sientes atesorada ahora? ¿Por qué o por qué no?

A continuación, lee un par de veces Deuteronomio 7:6 y medita sobre esta verdad.

Porque yo soy santa para el Señor mi Dios. El Señor mi Dios me ha elegido entre todos los pueblos que están sobre la faz de la tierra para ser su hija, tesoro de su propiedad.

¿De qué manera afecta esta frase en tu forma de pensar acerca de lo que siente Dios por ti?

Remplazando la Basura con el Tesoro

*Pero ustedes son linaje escogido, real sacerdocio,
nación santa, pueblo que pertenece a Dios,
para que proclamen las obras maravillosas de aquel que los
llamó de las tinieblas a su luz admirable.*
1 Pedro 2:9 (NVI)

Tú eres cualquier cosa menos ordinaria. Eres un tesoro invaluable que Dios adora. ¿Cómo sabes que Dios te valora? Veamos lo que dice en su Palabra.

Antes de la creación del mundo, antes de los siglos, Dios ya te tenía en mente y se enfoco en ti como objeto de su amor. Tú eres su tesoro antes de que nacieras.

Dios nos escogió en él antes de la creación del mundo, para que seamos santos y sin mancha delante de él...
Efesios 1:4 (NVI)

Para demostrar lo mucho que te atesora envió a su propio Hijo a quien también atesora a morir por tus pecados.

*Porque tanto amó Dios al mundo, que dio a su
Hijo unigénito, para que todo el que cree en él
no se pierda, sino que tenga vida eterna.*
Juan 3:16 (NVI)

Él preparó trabajo para que tú lo hagas, para que entendieras lo importante y significativa que eres para él.

*Porque somos hechura de Dios, creados en Cristo Jesús
para buenas obras, las cuales Dios dispuso de antemano
a fin de que las pongamos en práctica.*
Efesios 2:10

El determinó que así como los tesoros dan destellos y brillan, también lo harás tu mediante el proceso de transformación a la semejanza e imagen de su hijo.

*Así, todos nosotros, que con el rostro descubierto
reflejamos[a] como en un espejo la gloria del Señor, somos
transformados a su semejanza con más y más gloria por la
acción del Señor, que es el Espíritu.*
2 Corintios 3:18(NVI)

De vez en cuando puede ser difícil verte a ti misma como un tesoro, pero para Dios nunca lo es. Él ha hecho todo lo posible para demostrar lo mucho que te ama y te valora. Tú eres muy apreciada y muy favorecida. Él ha dado todo para llamarte suya.

Para Discusión o Reflexión Personal

1. Lee otra vez los pasajes de la Escritura en esta lección. Enumera las diferentes maneras en que Dios te diseñó para resplandecer y brillar.

2. Efesios 1:4 dice que fuiste elegida antes de la creación del mundo. Considera la posibilidad de esa declaración. Dios te conocía de antemano y eligió que seas su tesoro. A la luz de esa verdad ¿qué confianza te da hoy?

3. Lea Juan 3:16. En tus propias palabras, describe lo valiosa que debes ser para Dios.

Mi Oración para Hoy

Señor, estoy sorprendida de lo mucho que me atesoras. No tengo palabras al saber que me encuentras tan valiosa que enviaste a tu Hijo a morir por mí. Tú me has dado un papel importante en tu Reino. Efesios 1:4 dice que me elegiste antes de la creación de la tierra. A veces no me veo a mí mismo como tu tesoro. Cuando empiece a dudar de lo que soy y mi valor, por favor recuérdame que soy tesoro de ti posición.

DÍA VEINTISÉIS:

❦

YO SOY dice, "Tú eres segura."

...Que el amado del Señor repose seguro en el...
Deuteronomio 33:12 (NVI)

Esta es mi oración, Que la amada del Señor repose segura en El. Como en Deuteronomio habla de reposar segura, así también la seguridad emocional es muy importante. De cualquier manera el problema de mucha gente es la inseguridad. El ser inseguro es creer en tu corazón que no eres amada, eres inadecuada, y sin valor. Lo que tú creas en tu corazón es importante.

Así como piensas de ti misma, así serás.

- Eso quiere decir que si tú piensas en tu corazón que no eres amada, así será.
- Si tú piensas que eres inadecuada, así será.
- Si tú piensas que no tienes valor, así será.

Lo que tú piensas de tu persona se convertirá en tu verdad. No porque sea la verdad, pero porque tú crees que es verdad. Nuestras creencias pueden llegar a ser nuestras propias profecías.

La inseguridad ha sido de efectos devastadores para tu confidencia con tus amistades, y en tu vida en general. Una persona insegura se siente amenaza por el éxito de otros y necesita controlar las situaciones por temor a perder su posición. Eventualmente la inseguridad le lleva a sentir celos y envidia y esos sentimientos hacen que se abra una brecha entre tus amistades. En vez de experimentar paz y unidad con tus amistades, hay un espíritu de competencia y comparación.

¿Qué Piensas Tu?

¿Tú sufres de inseguridades? ¿Alguna vez tú sientes celos o envidia por otros? ¿Esto afecta tu relación con otros?

Sacando la Basura Afuera:

"Yo lucho con mi seguridad porque Yo siento que nada de lo que hago es suficientemente bueno."

¿Cómo puedes saber si tienes dificultades de inseguridad?

¿Necesitas controlar las diferentes situaciones por temor a perder tu posición?

¿Sientes la necesidad de tener que competir con tus amigas?

¿Tienes temor que a nadie le gustes?

¿Estás a la defensiva?

¿Tienes luchas con los celos y envidia?

Si contestaste "si" a alguna de estas preguntas es probable que tengas luchas de inseguridad.

¿Qué causa en ti esos sentimientos de inseguridad?

Remplazando la Basura con el Tesoro

Las personas con integridad caminan seguras...
Proverbios 10:9a (NTV)

Una Persona que es segura se adhiere a un código de conducta moral. Esto quiere decir que ellos son obedientes a la Palabra de Dios. Tienen una mente lúcida, es decir que no fácilmente se dejan llevar por las opiniones de otros. Al contrario están seguros de sí mismos. Una persona segura se siente bien y completa. La Escritura dice que la sanidad de la inseguridad es la integridad.

En la Escritura hay una viviente ilustración de una persona con seguridad y otra con inseguridad. Irónicamente, los dos vienen de una misma familia.

El primer rey de Israel, Saúl era extremadamente inseguro. Su hijo Jonatán es un ejemplo de la seguridad verdadera.

Saúl fue escogido por Dios para ser el primer Rey de Israel. Un requerimiento de Dios para Saúl era que fuera obediente. Cuando Saúl fallo para cumplir ese requisito, Dios dijo,

*"Lamento haber hecho a Saúl rey, porque no me ha sido leal y se
ha negado a obedecer mi mandato."*
1 Samuel 15:11a (NTV)

La desobediencia de Saúl tuvo un gran costo personal.

*Pero Samuel respondió: ¿Qué es lo que más le agrada al Señor:
tus ofrendas quemadas y sacrificios, o que obedezcan a su
voz? ¡Escucha! La obediencia es mejor que el sacrificio, y la
sumisión es mejor que ofrecer la grasa de carneros. La rebelión
es tan pecaminosa como la hechicería, y la terquedad, tan mala
como rendir culto a ídolos. Así que por cuanto has rechazado el
mandato del Señor, el te ha rechazado como rey.*
1 Samuel 15:22-23

Desde aquel día Saúl sabía que por causa de su pecado, sus días como rey serian acortado.

*Cuando el ejército de Israel regresaba triunfante después que
David mato al filisteo, mujeres de todas las ciudades de Israel
salieron para recibir al rey Saúl. Cantaron y danzaron de
alegría con panderos y címbalos. Este era su canto: "Saúl mato
a su miles, ¡y David, a sus diez miles". Esto hizo que Saúl se*

enojara mucho. ¿Qué es esto? Dijo. Le dan crédito a David por
diez miles y a mi solo por miles. ¡Solo falta que lo hagan su rey!
Desde ese momento Saúl miro con recelo a David... David siguió
teniendo éxito en todo lo que hacía porque el Señor estaba con
él. Cuando Saúl reconoció esto, le tuvo aun más miedo. Pero
todos en Israel y en Judá amaban a David porque tenía tanto
éxito al dirigir a sus tropas en batalla.

1 Samuel 18:6-9, 14-16 (NTV)

Saúl, un rey ungido de Dios, fue desobediente a las instrucciones de Dios. No solamente perdió su Reino, pero también perdió su posición, su confidencia, y su seguridad. Saúl se convirtió en un criminal terriblemente inseguro. El amenazaba la vida de David, persiguiéndolo por todo Israel, tenía ataques de ansiedad y sufría con celos y envidia.

Pero su hijo Jonatán era un hombre de integridad.

Después de que David termino de hablar con Saúl,
conoció a Jonatán, el hijo del rey. De inmediato se creó un
vinculo entre ellos, pues Jonatán amo a David como a sí mismo.
A partir de ese día Saúl mantuvo a David con él y no le dejaba
volver a su casa. Jonatán hizo un pacto solemne con David,
porque lo amaba tanto como a sí mismo. Para sellar el pacto
quito su manto y se lo dio a David junto con su túnica, su
espada, su arco y su cinturón.

1 Samuel 18:1-4 (NTV)

Las acciones de Jonatán revelaban su corazón seguro. Al quitarse su túnica, su espada, su arco su cinturón, Jonatán le dio su posición a David. Jonatán era un príncipe, y si su padre Saúl no hubiera desobedecido a Dios muy probable que hubiera sido el futuro rey. De todas maneras Jonatán sabia que la posición y plataforma viene de Dios. En vez de estar celoso de David, le animaba a él. Jonatán ando en obediencia e integridad.

Hay una lección valiosa que aprender de la vida de Saúl y Jonatán primero, necesitas saber que la inseguridad está ahí. Esta lección es para mí muy personal. Hace un poco tiempo, Dios tuvo que mostrarme como mi desobediencia me llevo a un camino de inseguridad. Los conferencistas saben que hay gente que les gusta su mensaje y estilo y hay otra gente que no les gusta. Generalmente a la gente que no le gusta tu mensaje es más fuerte su opinión que de la gente que le gusta. Durante una sesión particular, el problema de inseguridad en mi vida salió a flote, debido a que algunas personas comentaban que no les gustaba el estilo de mi presentación. Como conferencista tú quieres que la gente disfrute del mensaje, y que pueda aprender algo, por supuesto en lo natural estaba desilusionada. Me sentía que no era bienvenida y dudaba para que Dios me hubiera creado que fuera. Lentamente, otros pensamientos más y más importantes vinieron a mí. Una tarde, orando sobre esta situación. Dios llamo mi atención trayendo este versículo a mi mente.

¿A quién tengo en el cielo sino a ti?
Te deseo más que cualquier cosa en la tierra.
Salmos 73:25 (NTV)

Dios pregunta una simple pregunta. El dice, ¿"Soy Yo todo tu deseo"? Sentí como si alguien me hubiera dado un puñete en el estomago. Para ser honesta, mi respuesta a Dios fue "No". Para decir la verdad la opinión y lo que otras personas piensan de mí era más importante que vivir agradando a Dios. La inseguridad controlo mi vida y todo por no poner mi mirada en Dios, buscaba la aprobación y aceptación del humano. Los celos, la envidia y frustración crecieron en mi corazón. Fue feo y doloroso. Ese día era tiempo de arrepentimiento y reconciliación buscando el complacer solamente a Dios. Gracias, que Dios nos ama tal cual somos, nos ama tanto que no nos deja en esa manera. El sabe que necesitamos ayuda si vamos a ser un modelo que represente a Cristo. Juntos, Dios y yo empezamos la jornada de sanidad y liberación de la inseguridad.

¿Cómo tú puedes vencer la inseguridad?

- **Admitir.** Haz un examen del Salmo 73:25. ¿Dios es todo tu deseo o quieres algo más? Si encuentras que Dios no es suficiente, admite que sufres de inseguridad. Dile a Dios que sientes celos, envidia y más. Dile que sientes que tienes que tomar control de la situación, o competir con otras personas porque tienes temor de perder tu posición. Dile a Dios exactamente como te sientes.

- **Indagar.** Necesitas trabajar duro para encontrar porque la inseguridad es un problema para ti. ¿Hiciste la opinión de otras personas más importante de lo que deberían ser? ¿Por qué? ¿Qué fundamento causa que necesites buscar la afirmación, aprobación de otros? Examina tu pasado, también tu niñez para encontrar la raíz del problema.

- **Entrégale todo a Dios.** Arrepiéntete y ora. Arrepiéntete por hacer la opinión de otras personas más importante que las de Dios. Arrepiéntete de las actitudes y acciones que la inseguridad causo en tu vida. Ora a Dios por la ayuda, protección y dirección buscando el vivir solamente para él.

- **Se Obediente.** Sigue a Dios y mantén tus ojos directamente en el. No te compares con otros. Antes bien camina obedeciendo a Dios en lo que él te pide.

- **Anima.** Debes animar a otros que están a tu alrededor. Recuerda que la posición y plataforma son regalos de Dios. El asigna diferentes tareas para cada persona. No estés celosa o envidiosa de otra gente que ha sido designada. Antes bien dale tu apoyo, ora por ellos y anímalos cada vez que tengas la oportunidad. Para mí la llave de la libertad vino cuando animaba a otras personas a que vivan su vida con propósito. Ahora me da mucho gozo ver a la gente cumpliendo para lo que Dios les creo. Más que ánimo a otros, más segura yo me siento.

- **Celebrar.** Regocíjate en la persona que Dios te creo que seas, única y maravillosa. No seas como Saúl, antes bien se como Jonatán. Celebra quien eres y quienes son otros que Dios creo que sean.

Para Discusión o Reflexión Personal

1. ¿Qué clase de características puedes ver en Saúl?

2. ¿Te gustaría tener un amigo como Saúl? ¿Por qué o porque no?

3. ¿Qué clase de características puedes ver en Jonatán?

4. ¿Te gustaría tener un amigo como Jonatán? ¿Por qué o porque no?

5. En Salamos 73:25, el salmista dice que no hay nada en este mundo que desee antes que Dios. ¿Cómo puede ayudar a eliminar la inseguridad, el renovar nuestras prioridades y mantener a Dios en primer lugar?

Mi Oración para Hoy

Señor, tu eres suficiente. Yo quiero estar segura en lo que me creaste que sea. Yo no quiero ser celosa, envidiosa de otros. Antes bien, Yo quiero celebrar y animar a la gente que está alrededor de mí. Tú eres todo lo que deseo.

Día Veintisiete:

※

YO SOY dice, "Eres una guerrera."

Luego Dios el Señor dijo: "No es bueno que el hombre
esté solo; le haré una ayuda adecuada."
Génesis 2:18 (NVI)

Cuando Dios creó a Eva dijo, *"creare una ayuda adecuada para Adán."* Es un error creer que al decir "ayudante" Dios quiso decir solo "pareja de hogar". A lo largo de la historia, la gente ha asumido que Eva y las mujeres después de ella estarían allí para ayudar al hombre simplemente con las tareas domésticas. El papel de la mujer en el hogar son los roles de apoyo y colaboración, para algunos esto puede sonar limitante. En la mente de muchos, el papel de Eva era mucho menos importante e insignificante, menos mucho menos. Pero, cuando entiendes el significado original de la palabra "ayuda", llegaras a entender que el papel de Eva no era lo que tú pensabas.

La palabra hebrea "ayudante" *es ezer*, y se pronuncia *ay zer*. Esta palabra se utiliza veintiuna veces en la versión NVI de la Biblia, a menudo refiriéndose a Dios intentando ayudar en medio de tiempos difíciles. La investigación adicional revela que ezer es una palabra con fuertes connotaciones militares. ¿Qué significa esto para las mujeres? Significa que no hay manera que las mujeres hubieran sido creadas para ser menos o simplemente una ayuda doméstica para Adán. Al contrario los hombres y mujeres deben asociarse para luchar las batallas de la vida. Tú eres una Guerrera Ezer.

El trabajo de un guerrero es tanto ofensivo como defensivo. Un guerrero va al ataque ofensivo para hacer retroceder al enemigo, y a la defensiva para proteger la patria de la invasión y asalto. Para tener éxito, un guerrero tiene que ser fuerte, estar bien armado y bien entrenado.

¿Qué Piensas Tu?

¿Te puedes ver como una guerrera bien entrenado?

Sacando la Basura Afuera:

"Yo creo que mi papel como ayudante es menos de lo que Dios quiso para mi."

¿Te puedes ver como una guerrera?

Haz una lista de las batallas que has peleado en tu vida.

Remplazando la Basura con el Tesoro

Porque nuestra lucha no es contra sangre y carne, sino contra principados, contra potestades, contra los poderes (gobernantes)

de este mundo de tinieblas, contra las fuerzas
espirituales de maldad en las regiones celestes.
Efesios 6:12 (NTV)

Tú eres una guerrera. Dios diseñó a los hombres y a las mujeres para asociarse y pelear juntos la buena batalla de la vida. La batalla que tú luchas no es en contra de otras personas. No, Dios vino a salvar a todos. Por eso, Efesios 6:12 dice que la batalla es en contra de las fuerzas espirituales del mal que amenazan a los hijos de Dios.

Como guerrera en el ejército de Dios tú estás bien equipada. De hecho, en Efesios 6, las escrituras te dan el plan de Dios para la batalla y alcanzar la victoria.

Por último, fortalézcanse con el gran poder del Señor.
Efesios 6:10 (NVI)

En las batallas de la vida, recuerda que tu fuerza no viene de ti misma. Creer que tú lo haces es un error fatal que puede conducir a la sensación de fatiga, que a su vez puede hacer que te sientas abrumada por la batalla. En su lugar, aprende a ser fuerte en el Señor y en el poder de su fuerza.

Pónganse toda la armadura de Dios para que puedan hacer
frente a las artimañas del diablo. Porque nuestra lucha no es
contra seres humanos, sino contra poderes, contra autoridades
que dominan este mundo de tinieblas, contra fuerzas
espirituales malignas en las regiones celestiales.
Efesios 6:11-12 (NVI)

El enemigo y su plan de batalla están claramente identificados. Nuestro enemigo es el diablo y sus esquemas de sus mentiras, trucos y trampas. Nuestra lucha es contra las fuerzas del mal que están a su servicio. Dado que la batalla es espiritual debe ser combatido en un campo de batalla espiritual. Dios también te dice quien no es tu enemigo, el enemigo no es la carne. En otras palabras, tu enemigo no es otra persona. Jesús nos ama a todos y él no quiere que ninguno de sus hijos perezca. Al contrario, nuestra lucha es contra las fuerzas invisibles que afectan las relaciones humanas.

Por tanto, tomen toda la armadura de Dios, para que puedan resistir en el día malo, y habiéndolo hecho todo, estar firmes.
Efesios 6:13 (NVI)

Pablo nos advierte en el día malo vendrá. No siempre vas a saber cuándo, pero puedes estar segura de que mientras vivas en la tierra, tendrás que luchar. Dios te equipa con su armadura de modo que cuando el enemigo ataque, puedas defender tu posición. Ten en cuenta que este versículo no te dice que ataques al enemigo. Te dice que te pares a defender tu posición. Por cierto, ponerse la armadura es una elección. No es algo que ya llevas puesto. En su lugar, tienes que elegir ponértela y entrar en la batalla.

Manténganse firmes, ceñidos con el cinturón de la verdad protegidos por la coraza de justicia, y calzados con la disposición de proclamar el evangelio de la paz. Además de todo esto, tomen el escudo de la fe, con el cual pueden apagar todas las flechas encendidas del maligno. Tomen el casco de la salvación...
Efesios 6:14-17 (NVI)

La armadura es para nuestra protección. Cada pieza tiene un propósito distinto. En primer lugar, existe el cinturón de la verdad. La verdad es la Palabra de Dios. Santanas es un mentiroso, por lo tanto es vital conocer la verdad. La verdad te enseña quien es Dios, revela su identidad como a su hija, y guía tus elecciones morales. Saber la verdad te protegerá de las asechanzas del enemigo que te tientan a creer sus mentiras. La verdad es la fuente de la libertad, conocerla te mantendrá libre de enredos.

La coraza protege el corazón y los órganos vitales del guerrero. Nuestra coraza de justicia viene solamente de Cristo. Es nuestra unión con Él que nos hace justos. Siguiendo a Jesús y caminando en obediencia, es la clave para caminar en justicia. Si caminas de esta manera, entonces el enemigo no tendrá motivos reales para acusarte.

Cubre tus pies con el apresto del evangelio de paz. Puedes estar tranquila sabiendo que has confiado en el evangelio de Jesucristo. Puedes estar de pie sabiendo que has confiado en Cristo Jesús. Prepárate para compartir el evangelio de la verdad con los demás.

El escudo de la fe te protege de los dardos de la duda que el enemigo lanza hacia ti. Recuerda, él ama torcer la verdad como lo hizo con Eva en el jardín cuando él le preguntó en Génesis 3:1, ¿Dijo Dios realmente ..? A Satanás le encanta tratar de conseguir que dudes de lo que ya sabes que es verdad. Asegura tu fe en la verdad de Dios.

Por último, asegúrate de ponerte el casco de la salvación. En otras palabras, mantener la mente fija en Cristo. Lee la Palabra, para que transforme tu mente constantemente. Por cierto, ¿te diste cuenta que no hay una pieza de armadura para protegerse de atrás? ¿Por qué? Debido a que la gloria del Señor protege la retaguardia (Isaías 58:8).

...y la espada del Espíritu, que es la palabra de Dios. Oren en el Espíritu en todo momento, con peticiones y ruegos. Manténganse alerta y perseveren en oración por todos los santos...
Efesios 6:17b-18 (NVI)

Las armas ofensivas del creyente son la espada del Espíritu, que es la Palabra de Dios y la oración.

La Escritura es el arma más poderosa que tenemos contra el enemigo. Conociendo y citándola es como Jesús se defendió contra los ataques del enemigo en el desierto. La oración es el arma que menos usada el creyente. Las oraciones de los justos son poderosas. Con la espada de la Palabra y de la oración, se puede uno parar firme en contra de las fuerzas enemigas.

Se te ha dado fortaleza. El enemigo ha sido identificado. Tienes en tu posesión armas especiales. Tienes una retaguardia como ningún otro. Dios te llama una guerrera. Él te equipa para pelear las batallas de la vida. Entrena tus manos para la batalla. Él te da la fuerza para superar y vencer al enemigo. Mantente firme, Guerrera Ezer en defensa de tu familia y lucha por tus hijos, tu matrimonio y tus amistades. ¡Protege y defiende! Supera a los desafíos que se acercan y confía que si Dios es para ti ¿quién puede estar en contra de ti? ¡Él ya te ha dado la victoria!

Para Discusión o Reflexión Personal

1. Debemos hacer la elección diaria de ponernos nuestra armadura. ¿Qué pasos prácticos puedes tomar para usar tu armadura todos los días?

2. ¿En qué situaciones sientes que la armadura de Dios te haya protegido?

3. Describe una situación ¿donde usaste la espada de la palabra o la oración como armas defensivas?

4. ¿Por qué piensas que es importante ser fuerte en el Señor y su poder?

5. Desafío: Hay una fuerza en la unidad. El tener compañeros de batalla te ayuda a pelear tus batallas de la vida. Comparte una lucha actual con alguien que tu confíes. Haz un compromiso para orar diariamente por los demás.

Mi Oración para Hoy

Señor, gracias por haberme llamado y equipado como una guerrera. Ayúdame a recordar que mi fuerza viene de ti. Enséñame a tomar pasos prácticos para ponerme la armadura de tu palabra cada día. Gracias por ser mi retaguardia y proveerme ya con la victoria.

Día Veintiocho:

YO SOY dice, *"Tu eres dotada."*

Dios, en su gracia, nos ha dado dones diferentes
para hacer bien determinadas cosas.
Romanos 12:6a (NTV)

¿Sabías que Dios te ha dotado de cualidades y dones únicos? Haz sido diseñada para ser especialmente usada en su Reino. Hay trabajo que necesita hacerse en el cuerpo de Cristo. La gente necesita ser ministrada, necesita ser alentado, necesita sentirse bienvenido, necesita que se le enseñe, y necesita ser aconsejado. Por encima de todo, la gente necesita ser amado. Dios te ha llamado a ser una revelación de Su amor a la gente que te rodea.

Cada uno ponga al servicio de los demás el don
que haya recibido, administrando fielmente
la gracia de Dios en sus diversas formas.
1 Pedro 4:10 (NVI)

Nosotros mostramos nuestro amor a Dios sirviendo fielmente a nuestros hermanos y hermanas en Cristo a través de nuestros dones. Al hacerlo, nos convertimos en las manos y pies de Jesús aquí en la tierra. La tentación es creer que tú no tienes nada que ofrecer, o por la forma en que viviste en el pasado, no eres lo suficientemente buena para servirle a Él.

Durante muchos años, yo creía que Dios no podía usarme porque yo estaba "muy dañada". Pero ninguno de nosotros ha vivido una vida perfecta. Si la perfección fuera un requisito para servir en el Reino de Dios, nunca se hubiera hecho nada.

¿Te preguntas a veces si Dios puede usarte? Muchas mujeres comparten estas dudas y frustraciones conmigo todo el tiempo. Algunas mujeres incluso han compartido que ellas no creen que Dios las haya dotado para hacer algo.

¿Qué Piensas Tu?

¿Crees que Dios te ha dado un don espiritual? ¿Crees que El te quiere utilizar en su Reino?

Sacando la Basura Afuera:

"Algunas veces me siento que no tengo nada que ofrecer."

Describe cualquier frustración que hubieras tenido al descubrir tus dones espirituales.

¿Has descubierto tus dones espirituales? Si es así, ¿cuáles son?

¿Crees que Dios tiene un propósito para tu vida? ¿Porque o porque no?

¿Crees que tus errores del pasado afectan el deseo de Dios de usarte en su reino? ¿Qué bases tienes para creer eso?

Remplazando la Basura con el Tesoro

Ahora bien, hay diversos dones, pero un mismo Espíritu. Hay diversas maneras de servir, pero un mismo Señor. Hay diversas funciones, pero es un mismo Dios el que hace todas las cosas en todos. A cada uno se le da una manifestación especial del Espíritu para el bien de los demás. A unos Dios les da por el Espíritu palabra de sabiduría, a otros por el mismo Espíritu, palabra de conocimiento. A otros fe por medio del mismo Espíritu, a otros y por ese mismo Espíritu, dones para sanar enfermos; a otros poderes milagrosos, a otros, profecía, a otros, el discernir espíritus; a otros el hablar en diversas lenguas; y a otros, el interpretar lenguas. Todo esto lo hace un mismo y único Espíritu, quien reparte a cada uno según él lo determina.

1 Corintios 12:4-11 (NVI)

La Escrituras es tu autoridad absoluta. Te enseña que se te ha dado un don muy especial de Dios. El Espíritu Santo decide qué don o dones recibirás. Sus regalos o dones son de diseño personalizado que se adaptan a tu personalidad y pasión(es). Ten en cuenta que este versículo dice, A cada uno se le da una manifestación especial del Espíritu, es decir, cada persona en Cristo recibe por lo menos un don espiritual. Con tu don, serás capaz de hacer unas contribuciones únicas al cuerpo de Cristo.

Por ejemplo, algunas personas tienen el don de enseñar, otros el don de dar aliento, algunos el don de profundo conocimiento, otros el de la sabiduría, de la hospitalidad, algunos otros discernimiento. A ti puede ser que te apasione ayudar a las personas sin hogar, huérfanos, los enfermos, los animales, o el planeta. Dios combina tus dones y pasiones con otros para que la familia de Dios y de nuestra casa puedan ser atendidos aquí en la tierra. La verdad es que tienes algo que tu hermano o hermana en Cristo necesitan. El resto de nosotros no podemos ser todo lo que Dios nos está llamando a ser sin ti.

Si no estás segura de qué regalo o regalos tienes, ora y pídele a Dios que te los revele. Luego, pídele a un mentor, un pastor o un amigo de confianza que te pueda ayudar. A menudo, los amigos pueden reconocer los dones o regalos que tú no puedes ver. Hay muchos libros disponibles para poder ayudar a descubrir tus dones. Mi favorito es: *F.O.R.M.A: Conociendo cual es el Propósito que Dios te ha dado solo a ti en esta tierra*, escrito por Erik Rees (Zondervan, 2006). Una vez que descubras tus dones, pon los en uso. Dios te los dio por el bien de todo el cuerpo de Cristo. Al igual que los músculos, estos dones tienen que ser ejercitados. Mientras más los uses, más cómoda te vas a sentir con ellos. A medida que los uses crecerás en tu caminar con el Señor.

Para Discusión o Reflexión Personal

1. Lee 1 Corintios 12:4-11. ¿Quien recibe la manifestación del Espíritu?

2. En el verso 11, Pablo dice que el Espíritu decide que dones y regalos recibes. Como te sientes al saber que tus dones han sido determinados por el Espíritu Santo?

3. ¿Has una lista de los dones identificados en este pasaje. Revisa Romanos 12:6-8. ¿Que otros dones son enlistados?

4. Lee Romanos 12:6. ¿Qué dice el discípulo Pablo que nuestro don o dones tienen la capacidad de hacer?

5. Hemos aprendido que nuestros dones son determinados por el Espíritu Santo y que nos dará la posibilidad de hacer ciertas cosas con excelencia. ¿Qué confianza te da esta afirmación acerca de tu papel en el Reino de Dios? ¿Qué confianza te da al saber esto en el uso de tu don?

Mi Oración para Hoy

Señor, tu Palabra dice que me has regalado ciertas cualidades únicas y que tengo un papel especial en tu Reino. Gracias por darme un lugar y un propósito. Gracias por usarme como yo soy. Por favor, continúa rebelándome mis dones y ayudarme a crecer en mi capacidad para ejercerlos.

DÍA VEINTINUEVE:

※

YO SOY dice, "Eres parte de la Realeza."

*Y ustedes no recibieron un espíritu que de nuevo
los esclavice al miedo, sino el Espíritu que los adopta como hijos
y les permite clamar: «¡Abba! ¡Padre!» El Espíritu mismo le
asegura a nuestro espíritu que somos hijos de Dios.
Y si somos hijos, somos herederos; herederos de Dios y
coherederos con Cristo, pues si ahora sufrimos con él,
también tendremos parte con él en su gloria.*
Romanos 8:15-17 (NVI)

Dios es el Rey del universo. A través de la fe en Jesucristo tú has sido adoptada como hija suya. Eso te convierte en una ¡princesa! Debes saber que eres hija de Dios, puedes luchar con la idea que se conoce como la mentalidad pobre. Tener la mentalidad pobre significa que todavía no has adoptado la imagen que tiene Dios de ti. En lugar de ello, todavía te ves como una hija abandonada e indigna.

La verdad es que todos vienen a El pobres de espíritu, con el corazón roto, cautivos, con pensamientos engañosos con palabras hirientes, arrastrando las cadenas de todos los errores que hemos cometido en el transcurso de los años. Aún tenemos que cambiar nuestros harapos por túnicas reales. El problema es que algunas personas se estancan en el pasado, nunca se alejan realmente de la persona con mentalidad pobre.

Al contrario, siguen en la lucha por aceptar su identidad como hijas y herederas de Dios. Si nunca aceptas tu nueva identidad como princesa, también lucharas para vivir la vida abundante que Dios promete a sus hijas.

Debes aprender a dejar los pensamientos que te susurran " eres menos de lo que Dios dice que eres." Debes aprender a escuchar la voz de la verdad. Dios dice que tú no eres la misma persona que una vez fuiste. 2 Timoteo 2:12 dice: si nos mantenemos firmes, también reinaremos con él (NVI). Ese es tu destino. Tu verdadera identidad es ser "princesa".

¿Qué Piensas Tu?

¿Luchas para verte a sí misma como la hija amada de Dios, su princesa?

Sacando la Basura Afuera:

"Yo lucho por verme a mí misma como princesa de Dios porque siento vergüenza de mi pasado. Princesas nos llevan a un cuento de hadas y vidas perfectas. ¡Pero la mía ha sido cualquier cosa menos eso!"

Toma un minuto para reflexionar sobre tu vida. ¿Qué acciones, actitudes o comportamientos causan que tú te sienta menos que una princesa?

Lee Romanos 8 15-17. ¿Cuáles son las bases para que seas llamada hija de Dios?

Registra los beneficios de ser una hija de Dios.

Remplazando la Basura con el Tesoro

Cuando miro el cielo de noche y veo la obra de tus dedos- la luna y las estrellas que pusiste en su lugar-, me pregunto: ¿Qué son los simples mortales para que pienses en ellos, los seres humanos para que de ellos te ocupes? Sin embargo, los hiciste un poco menor que Dios y los coronaste de gloria y honor. Los pusiste a cargo de todo lo que creaste, y sometiste todas las cosas bajo su autoridad: los rebaños y las manadas y todos los animales salvajes, las aves del cielo, los peces del mar, y todo lo que nada por las corrientes oceánicas.
Salmos 8:3-8 (NTV)

La verdad es que has sido coronada de gloria y honor. Dios te ha adoptado como su hija, te hizo una heredera con Cristo, y te ha dado un lugar importante en su Reino. Hay una voz del enemigo que susurra en tu oído y te repite que eres menos que una princesa. Saber lo que la Palabra de Dios dice acerca de ti es muy importante. Cuando el enemigo intenta susurrarte ¿Quién te crees que eres?, tú puedes contestarle a él con audacia y decir:

Yo soy elegida del Señor, ¡a quien! Antes de la creación del mundo, Dios escogió para ser santa e inmaculada en su presencia. Fue su placer adoptarme como su hija. Soy redimida por la sangre de Cristo, mis pecados son perdonados, se me ha marcado con un sello, y el Espíritu Santo vive en mí.

¡Yo soy una hija de Dios! ¡Soy importante!
Y mayor es el que vive en mí, que el que está en el mundo.
Parafraseado de Efesios 1:4-14

Nunca olvides que ante los ojos de Dios eres un tesoro de valor incalculable (Deuteronomio 7:06). Él te ama como ama a Jesús (Juan 17:23). Dios quiere que te veas como él te ve a ti. Mi amiga Nancy Weary escribió una carta de amor imaginando cómo Dios alentaría a sus hijas:

Mis Princesas Preciosas,

Me duele el corazón por ustedes cuando aceptan la imagen de ustedes misma como una persona menos de lo que estabas destinado en mi corazón. Mis lágrimas están allí para ti cuando te sientas en silencio, con dolor desconocido para otros. Deseo que sepan que nunca fue mi intención que se sintieran rechazadas, ignoradas o violadas.

Les amo. Les tengo en mis brazos y susurro paz sobre ustedes. Las arrullo hacia adelante y hacia atrás y resguardo tu vulnerabilidad femenina, y tu ternura, las cualidades especiales que puse en ti queriendo calmar las heridas y los problemas del mundo. Confía que hay otra oportunidad y permite que mi verdad se vierta sobre ti. Deja de lado esas impresiones inexactas de ustedes mismas y comiencen a verse como Yo las veo, ámense a sí mismas como yo las amo, acéptense a ti mismas como les acepto yo. Sí, incluso a apreciarse a sí mismas como yo les aprecio. Ustedes son mis hijas amadas, mis princesas. Añoro que me crean todo esto.*

---

* Weary, Nancy. My Precious Princess, 1991, Usando con permiso.

162

Para Discusión o Reflexión Personal

1. Lee el Salmo 8:3-8. Haz una lista de como Dios te creo para que tu fueras.

2. ¿Cómo contradice esto las mentiras que haz creído acerca de tu identidad?

3. ¿Por qué crees que es tan importante para Dios que adoptes tu identidad?

Mi Oración para Hoy

Dios, gracias por amarme tanto. Quiero verme como me ves. Quiero estar segura de mi identidad y en tu plan para mi vida. Señor, renueva mi mente para que pueda vivir como hija del Rey.

Día Treinta:

❦

YO SOY dice, "Tu eres Amada."

"Pues Dios amo tanto al mundo que dio a su único Hijo, para que todo el que crea en el no se pierda, sino que tenga vida eterna. Dios no envió a su Hijo al mundo para condenar al mundo, sino para salvarlo por medio de él.
Juan 3:16-17 (NTV)

Amor es lo que toda persona necesita en esta tierra. Como los niños, necesitan el amor de sus padres para crecer sanamente como adultos. Buscamos tener amistades intimas que sean cercanas y amadas. Por último, queremos enamorarnos del hombre perfecto. Dios creó en tu corazón el deseo del amor profundo, sin condiciones y apasionado.

Si bien el amor humano es maravilloso, también es condicional, frágil, y algunas veces se muere. A propósito, al leer esto, tal vez tú recuerdas una experiencia de tu corazón quebrantado cuando confiaste en alguien con todo tu corazón y te lo quebrantaron. Tal vez alguien que tú amabas te traiciono y te abandono. El dolor de una relación quebrantada puede traer efectos trágicos en nuestra vida.

- Algunas personas ponen una pared alrededor de sus corazones y prometen que nunca más dejar que se les acerque otra persona.

- Algunas personas deciden que nunca más confiaran en otros.

- Algunas personas creen que no se merecen el amor.

No importa cual fue tu experiencia con el amor, Tú necesitas saber que Jesús te ama. Su amor es extravagante, apasionado e incondicional. Mientras que otros tal vez de desilusionaron o te hirieron, el nunca lo hará. Jesús nunca te abandonara y el nunca dejara de amarte. El decide estar contigo en todo tiempo.

¿Qué Piensas Tu?

¿Alguien que tú amabas te hirió o desilusiono? ¿Cómo te afectaron a tu relación con Cristo esos sentimientos?

Sacando la Basura Afuera:

"Yo fui muy lastimada para poder amar otra vez. Yo siento que no merezco el amor."

Describe que significa para ti ser amado.

¿Tú has experimentado el dolor de una relación quebrantada? ¿Qué paso? ¿Cómo te afecto esa experiencia para una nueva relación?

Remplazando la Basura con el Tesoro

Pero Dios mostro el gran amor que nos tiene al enviar a Cristo a morir por nosotros cuando todavía éramos pecadores.
Romanos 5:8 (NTV)

La más hermosa historia de amor que jamás fue contada es la verdadera historia de amor de Cristo para con su novia. El la ama apasionadamente, luchando por ella y dando su vida por ella. El deseo ir hasta los extremos para demostrarle su amor verdadero. El ejemplo más conmovedor de su extremado amor lo vemos la noche más negra en el Jardín de Getsemaní cuando Jesús lloro clamando a Dios. Jesús iba a ofrecer su vida en sacrificio por su amada. Su alma estaba abrumada y llena de tristeza. Trate de imaginarte esta escena.

Una noche que está totalmente obscura y Jesús mira a su alrededor después de haber orado y se da cuenta que Pedro, Santiago, y Juan están durmiendo otra vez. El sacude su cabeza y los deja seguir durmiendo, sabiendo que necesitaran juntar todas sus fuerzas en las siguientes horas. Jesús sabe que el tiempo es corto. Su corazón empieza a latir más fuerte en su pecho y pensaba que iba a estallar. El regresa a orar y roda en su cara una dulce mescla de lagrimas con sangre.

Jesús clama a Dios, pidiendo, *Padre, si hubiera alguna otra manera....* y justo ese momento, justamente cuando él se estaba sintiendo que ya no podía con el dolor, El ve tu rostro, el rostro de su amada. Sabiendo que esta es la única manera que podrá estar contigo en la eternidad, el sonríe y decide hacer lo que tenga que hacer. Jesús tenía que enfrentar la cruz. Jesús sabe que pronto enfrentaría lo más terrible que un hombre podría experimentar, pero también sabe que vale la pena porque al final de esto, te dará la bienvenida a tu morada eterna. El confrontaría cualquier cosa. El haría cualquier cosa. Porque El te ama.

¡Mi amiga este es el cuadro de un amor apasionado! Tú eres muy valiosa para él. Con gusto el dio su vida por ti. El pago un precio muy alto para ti porque tu su amada eres de un valor incalculable. Ahora Jesús el novio esta ansiosamente esperando por la llegada de la novia—que eres tú.

Para Discusión o Reflexión Personal

1. Lee Juan 3:16 parafrasear y pon tu nombre en el espacio: *"Pues Dios amo a: _____ que dio a su único Hijo, para que yo crea en el y tenga vida eterna."*

    ¿Cuánto tendrías que amar a una persona para morir por él?

2. De acuerdo a Juan 3:16-17 ¿Cuál era el propósito de Dios al enviar a su Hijo a este mundo?

3. ¿Cómo te ayuda a mejorar tu autoestima al conocer que eres la amada de Jesús?

Mi Oración para Hoy

Señor, gracias por amarme. Jesús mi novio gracias por amarme y aceptarme. Tu cautivaste mi corazón yo también te amo.

Por último, hermanos, consideren bien todo lo verdadero, todo lo respetable, todo lo justo, todo lo puro, todo lo amable, todo lo digno de admiración, en fin, todo lo que sea excelente o merezca elogio. Pongan en práctica lo que de mi han aprendido, recibido y oído, y lo que han visto en mi, y el Dios de paz estará con ustedes.

Filipenses 4:8-9 (NVI)

APÉNDICE A:

El Tesoro Oculto

YO SOY dice, "Por creer tu eres bendecida."	Lucas 1:45
YO SOY dice, "Tu eres significante."	Proverbios 16:4
YO SOY dice, "Tú no eres dueño de ti mismo."	1 Corintios 7:23
YO SOY dice, "Tu eres una hija de Dios."	Juan 1:12-13
YO SOY dice, "Tu eres libre de todo temor."	2 Timoteo 1:7
YO SOY dice, "Tú has sido creada por El."	Salmos 119:73
YO SOY dice, "Tu eres hermosa."	Cantares 1:15
YO SOY dice, "Tu eres Radiante."	Salmos 34:5
YO SOY dice, "Tu eres Escuchada."	Jeremías 29:12
YO SOY dice, "Tu eres Conocida."	1 Corintios 8:3
YO SOY dice, "Tu eres Capaz."	Filipenses 4:13
YO SOY dice, "Tu eres Confidente."	Proverbios 3:26
YO SOY dice, "Tú eres Aceptada."	Efesios 1:6b
YO SOY dice, "Tu eres Estable."	Salmos 40:1-2
YO SOY dice, "Tu eres Santa."	Salmos 30:4
YO SOY dice, "Tú eres regocijo."	Isaías 62:5b
YO SOY dice, "Tu estas protegida."	Salmos 32:7
YO SOY dice, "Tú eres Única."	Cantares 6:9a
YO SOY dice, "Tu eres Libre."	Juan 8:36
YO SOY dice, "Tú eres cuidada."	Salmos 34:18
YO SOY dice, "Tú eres buena."	Génesis 1:31a
YO SOY dice, "Eres una creación nueva."	2 Corintios 5:17
YO SOY dice, "Tú eres perdonada."	Isaías 1:18
YO SOY dice, "Tu eres una obra que está en Proceso."	Filipenses 1:6
YO SOY dice, "Tu eres más que una vencedora."	Romanos 8:35-37
YO SOY dice, "Tu eres atesorada."	Deuteronomio 7:6
YO SOY dice, "Tú eres segura."	Deuteronomio 33:12
YO SOY dice, "Eres una guerrera."	Génesis 2:18
YO SOY dice, "Tu eres dotada."	Romanos 12:6a
YO SOY dice, "Eres parte de la Realeza."	Romanos 8:15-17
YO SOY dice, "Tu eres Amada."	Juan 3:16-17

APÉNDICE B:

Conozca la Autora

CJ es una apasionada y encantadora comunicadora de la carta de amor de Dios, la Biblia. Con el encanto del sur, una pizca de humor y verdadera autenticidad, ella comparte su vida, fe y esperanza. "Gracias por ser tan real" es una respuesta muy común entre sus audiencias. Las mujeres siempre salen de sus eventos con un renovado sentido de esperanza y una actitud de "yo puedo hacer eso".

CJ es la fundadora y CEO de Unfanding Beauty Ministries, Inc. (UBMI), cuya misión es colaborar y seguir con el trabajo de Jesús en el mundo como se indica en Isaías 61. La visión y declaración de UBMI, es de – Dolor a Propósito – Propósito a Pasión, se ve el deseo de CJ de ver la vida de mujeres transformadas por el espíritu llenas de vida.

Ella tiene más de una década de experiencia incluyendo su ministerio donde enseña una clase de estudio bíblico semanal en una de las mega- iglesias más grandes en el país donde ella sirvió como líder en el ministerio de mujeres y escritora de planes de estudio. Su proyecto más reciente es el entrenamiento de técnicas para el estudio y uso de la Biblia por computación para enseñar por todo el mundo técnicas de estudios prácticos e inductivos. Además de enseñar y escribir, CJ ha capacitado a iglesias y equipos de liderazgo en todo el país con su programa Entrenando Corazones y no las Manos para el Ministerio.

Como autora, Dios ha usado el corazón conmovedor de CJ en el devocional:

YO SOY Dice, "Tu eres...", y estudios bíblicos profundos como *Trash the Lies*, and *Tossed, Tumbled and Still Trusting* para transformar la vida de miles de mujeres.

La gente favorita de CJ es su esposo John y sus dos hijos Dillon and Austin quienes viven el Sur de California.

170

Tossed, Tumbled and Still Trusting

A study in the Book of Ruth

by CJ Rapp and Pam Marotta

Can you image how you would react if you lost everything; your spouse, home, comfort, security, and children?

These are the very situations God allowed into the lives of two prominent women of the Bible, Ruth and Naomi. Perhaps you have experienced a similar loss or trial and you too have questioned, "Why? God."

Tests and trials not only challenge our faith, they reveal our character— who we are when no one is watching.

Explore the actions and reactions of Ruth and Naomi to their most difficult life struggles. Learn to identify character imperfections and replace them with Christ-like attitudes and behavior. Come to know that despite being tossed and tumbled by life, you can choose to be like Ruth, a woman of excellence.

Learn to rise above your feelings, cling to your faith, and believe God for more than what you see.

Tossed, Tumbled and Still Trusting, features three days of heart-work per lesson, weekly group discussion sessions for any size small group or centralized group, and a leader guide with step-by-step instructions for facilitating nine group sessions.

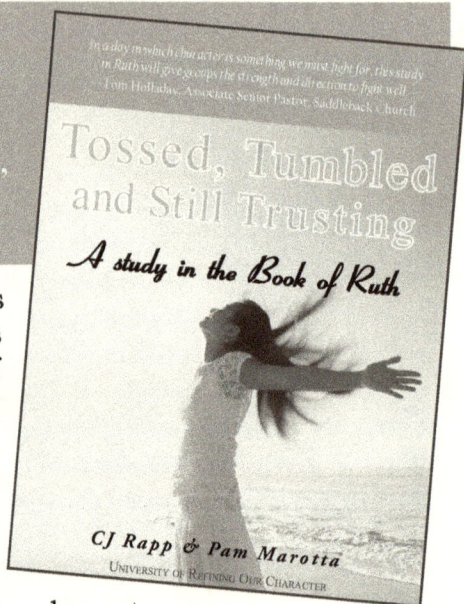

Infusion
P·U·B·L·I·S·H·I·N·G
A Ministry of Unfading Beauty Ministries

Price:	$19.95
Binding:	Paperback
Pages:	184
Size:	8.5 x 11
ISBN-13:	978-0982479032

www.ingramcontent.com/pod-product-compliance
Lightning Source LLC
Chambersburg PA
CBHW051757040426

42446CB00007B/407